TRAITÉ D'HARMONIE

ET

DE COMPOSITION,

PAR FRANCISCO XAVIERO RICHTER,

Maître de Chapelle à la Cathédrale de Strasbourg;

REVU, CORRIGÉ, AUGMENTÉ ET PUBLIÉ
AVEC 93 PLANCHES,

PAR CH. KALKBRENNER,

Membre de la Société Philotechnique de Paris, de l'Académie royale de Musique de Stockolm, et de l'Académie Philarmonique de Bologne.

A PARIS,

Chez { SIÉBER père, Editeur de Musique, rue St.-Honoré, hôtel d'Aligre, n°. 199;
SIÉBER fils, Editeur de Musique, rue de la Loi, n°. 1245.

DE L'IMPRIMERIE DE DELANCE ET LESUEUR.

AN XI — 1803.

DÉDIÉ

A MESSIEURS

CHÉRUBINI, Membre du Conservatoire de Musique;
GOSSEC, Membre de l'Institut national et du Conservatoire;
GRÉTRY, Membre de l'Institut national;
HAYDN, Membre de l'Institut national, et Maître de Chapelle de S. A. S. le Prince d'Esterhazy;
LACÉPÈDE, Membre du Sénat Conservateur et de l'Institut nat.
LESUEUR, ex-Membre du Conservatoire;
MARTINI, *idem;*
MÉHUL, Membre du Conservatoire;
MONSIGNI, ex-Membre du Conservatoire;
PAISIELLO, Maître de Chapelle de S. M. Sicilienne.

Par C. KALKBRENNER.

PRÉFACE.

M. *Sieber*, père, me communiqua, il y a quelque temps, un manuscrit inédit du célèbre *Richter*, qui a pour titre :

Harmonische belehrungen, oder gründliche Anweisung zu der musikalischen tonkunst und regulairen composition. In welchen mit verschiedenen discoursen, reglen und exemplen werden erwiesen die musikalische studia, so weiter der gebrauch der ligaturen mit verschiedenen einfachen und doppelt fugirten contrapunct, alla octava, nona, decima und duodecima : es werden auch erwiesen etwelche canones und deren beschreibung, die vernunft alsdann erleichtert alle schwehrigkeiten, die angeführte exemplen erweisen die fehler zu vermeiden, und einen guten harmonischen wohllauth heraus zu arbeithen. Es werden auch verschiedene klänge gegen einander gehalten und deütlich erleütert, das ein zur music geartetes, und der edlen musikalischen composition begieriges subjectum oder angehender componist alles zur praxin gehöriges finden und durch tagliche fleisige übung zu solcher composition in balde gelangen werde, sambt einem anhang, in welchen gehandelt wird von denen requisitis so einen guten componisten ausmachen, verfertiget und zusammen getragen von Fr. Xav. Richter. Churfürstlichen hof-und cammer musico. Unterthänigst dediciret an den durchlauchtigsten fürsten und Hern Carl Theodor.

En feuilletant ce manuscrit, j'examinai avec attention les exemples pratiques, et je découvris partout le sceau du grand maître qui en étoit l'auteur; j'accédai avec zèle aux vœux de M. Sieber, pour traduire et publier en français cet intéressant ouvrage.

Occupé de ce travail, je m'aperçus que l'on pourroit en faire un très-bon ouvrage classique; mais il falloit le refondre en entier; ranger systématiquement les matériaux; suppléer aux omissions de l'auteur, et, surtout, expliquer clairement tout ce qui a rapport aux principes scientifiques du dix-septième siècle.

A cette époque, M. *Catel* publia son Traité d'Harmonie, adopté par le Conservatoire de Musique. Cet ouvrage fit naître en moi le désir de continuer, et même, s'il étoit possible, d'achever ce qu'il avoit commencé. L'auteur n'ayant pas attaqué toutes les erreurs et toutes les imperfections du système de Rameau (que les compositeurs français ont eu la foiblesse de conserver trop longtemps), il me laissa un vaste champ pour coopérer au perfectionnement de l'art musical en France.

Dès ce moment je m'attachai, avec soin, à compléter le système des intervalles employés dans la musique moderne ; à déterminer le nombre des accords fondamentaux adoptés dans la pratique ; à supprimer des dénominations anciennes et erronées, et à les remplacer par de nouveaux termes techniques, etc. : j'avois en même temps exposé la manière vicieuse de chiffrer, en France, les accords, et je me proposois des changemens convenables ; mais cette matière m'auroit entraîné dans des détails que je suis forcé d'écarter pour ce moment. Cependant je ne tarderai pas à proposer au public mes idées à ce sujet.

Telle est l'origine et le but de cet ouvrage. J'ose me flatter que sa publication contribuera à étendre les lumières de mes contemporains sur un art qui est encore loin de sa perfection. Peut-être certains compositeurs en murmureront-ils ? Des harmonistes, scrupuleux observateurs des anciens systèmes, crieront au sacrilége ; mais je me plais à croire que les hommes sages et instruits daigneront applaudir à mes vues, et qu'ils adopteront les principes que contient cet ouvrage.

Les grands hommes de tous les siècles méritent l'admiration et le respect de la postérité, mais cet hommage ne s'étend pas jusqu'à devoir regarder comme une profanation tout ce qui tend à perfectionner leurs découvertes. On les étudie, non pour rester leurs serviles imitateurs, mais pour les surpasser s'il se peut. Les progrès, dans les Arts comme dans les Sciences, ne s'opèrent que par la continuité des recherches et par la liberté d'ajouter aux inventions d'autrui, ou de rectifier les erreurs dont les savans les plus illustres ne sont jamais exempts. Tout principe qui gêneroit cette liberté, ne tendroit qu'à comprimer le génie et à laisser une nation en arrière, tandis que d'autres marcheroient à grands pas vers la perfection.

C. KALKBRENNER.

TRAITE

TRAITÉ D'HARMONIE
ET
DE COMPOSITION.

CHAPITRE PREMIER.

Des Tons.

LE mot *Ton* a plusieurs significations en Musique : il est employé souvent : 1°. en place du mot *Son*, qui est le produit du résonnement d'une corde, du tintement des cloches, des verres, etc. ; 2°. il signifie aussi un intervalle déterminé, composé d'un ton, qui toutefois peut être *majeur* ou *mineur* (1) ; 3°. il dénote l'intervalle par lequel une *partie* passe d'une note à une autre, soit en montant, soit en descendant ; 4°. ce mot est encore adopté pour désigner la *Tonique* d'un morceau de Musique.

OBSERVATION. *On dit assez généralement : tel ou tel air composé dans le ton d'*ut*, feroit plus d'effet transposé dans le ton de* ré. *J'entends souvent demander : dans quel ton est la symphonie? au lieu de demander : Quelle est la tonique de la symphonie?*

Le mot *Ton* pris, dans la première acception, en place du mot *Son*, a besoin d'être expliqué d'une manière plus détaillée. Chaque ton est susceptible d'être divisé en plusieurs parties : par le moyen de cette division ou de la diminution d'un ton, nous parvenons à créer des demi-tons, des quarts de ton, des *Comma* et des *Schisma* ; par exemple : étendons sur une planche deux cordes d'une même qualité et d'une même longueur ; partageons ensuite une de ces cordes en dix-huit parties égales ; séparons une de ces parties, et touchons-la pour lui faire rendre un son : ce son,

(1) Le ton majeur *ut-ré* a le rapport de 8-9 ; et le ton mineur *ré-mi* de 9-10. La différence entre le ton majeur et le ton mineur est de 81-80.

comparé avec le son de la corde entière, sera la dix-huitième partie d'un ton, et on l'appelle *schisma.* Exemple :

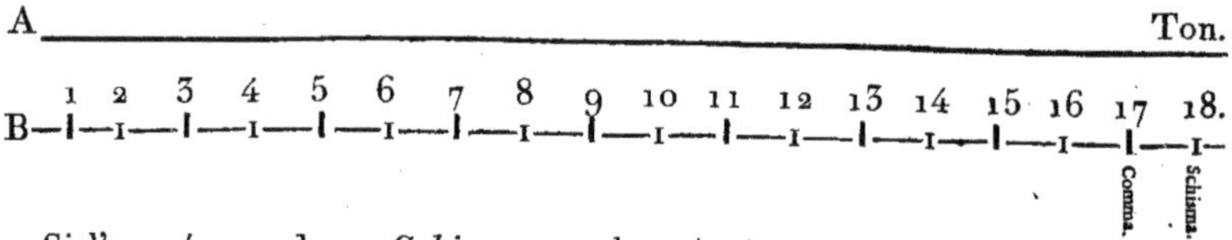

A ____ Ton.

B—1—2—3—4—5—6—7—8—9—10—11—12—13—14—15—16—17—18.

Comma. Schisma.

Si l'on sépare deux *Schisma*, ou la néuvième partie de la longueur de la corde, et si on la fait entendre comparativement avec la corde entière A, on entend un son, que l'on appelle *Comma. Huit Schisma* ou *quatre Comma*, forment le (*semi-ton*) demi-ton mineur; et *dix Schisma* ou *cinq Comma*, nous donnent le résultat du (*semi-ton*) demi-ton majeur.

EXEMPLE:

	Schisma.	Comma.
Schisma...........	1	0
Schisma...........	2	1
Diaschisma........	4	2
Demi-ton mineur...	8	4
Demi-ton majeur....	10	5
Le ton.............	18	9

OBSERVATION. *Après la publication de cet ouvrage, je m'occuperai de la composition d'une* Théorie de la Musique, *dans laquelle je développerai davantage l'article des sons et des tons.*

CHAPITRE II.

Des Genres.

Observation. « *Richter, Fuchs, Milzer, Heinichen et tous les auteurs* » *qui ont suivi la doctrine du dix-septième siècle, n'ont pas assez connu* » *la nature, l'étendue et l'emploi des genres : voilà pourquoi leur raison-* » *nement est aussi imparfait que vicieux. Je fais cette observation d'avance,* » *pour garantir mes Lecteurs d'une trop grande surprise en lisant ce* » *chapitre* ».

Le genre musical est de deux espèces : *diatonique* et *chromatique*. Le genre *diatonique*, appelé aussi *naturel*, est ordinairement consacré au style liturgique : l'étendue de son octave est composée de *cinq tons* et de *deux demi-tons*, qui, dans le *mode majeur*, se trouvent du 3e. au 4e., et du 7e. au 8e. degré ; (voyez pl. 1, fig. 1); et, dans le *mode mineur*, du 2e. au 3e., et du 5e. au 6e. degré; (voyez pl. 1, fig. 2). Dans la progression des intervalles qui composent l'étendue de l'octave, le *genre diatonique* ne permet point l'emploi des doubles diésis et des doubles bémols : ces altérations ne sont admissibles qu'accidentellement, lorsque l'expression d'un sentiment passionné semble l'exiger.

Le *genre chromatique*, appelé aussi *artificiel*, est composé de douze *demi-tons*, formés par les diésis ou par les bémols. (Voyez pl. 1, fig. 3, A et B). Le chromatique est particulièrement employé dans la composition de la musique théâtrale ou scénique, ou dans les concerts, etc.

Les anciens Grecs, ainsi que des auteurs latins, ont beaucoup parlé et écrit d'un troisième genre, qu'ils appeloient *enharmonique* : mais, de nos jours, ce *genre enharmonique* n'est plus d'usage, et il a été relégué parmi les deux espèces du *genre chromatique*. Voilà pourquoi nous ne reconnoissons et ne déterminons que deux genres musicaux, le *diatonique* et le *chromatique*.

Observation. « *Si, depuis plusieurs siècles, on s'est occupé à déchiffrer, à traduire et à expliquer les manuscrits des auteurs grecs qui traitent de la musique; si malgré toute la science et le généreux dévouement des commentateurs et des auteurs modernes, qui se sont particulièrement attachés à approfondir le système et la théorie de la musique des Grecs, nous ne jouissons pas encore de l'avantage de connoître entièrement la doctrine et les principes élémentaires de la musique grecque, l'on ne doit pas s'étonner que* Richter *et d'autres célèbres harmonistes du dix-septième siècle et du commencement du dix-huitième, n'aient voulu reconnoître que deux genres. Nous savons que les Grecs ont réellement inventé un* genre enharmonique : *mais ignorant totalement ce que nous appelons* Harmonie, *ils n'ont jamais su en faire usage dans leur composition, qui ne sortoit pas de la* mélopée; *de sorte qu'ils n'ont recueilli d'autres fruits de la découverte du* genre enharmonique, *que le seul plaisir d'en parler et de se disputer sur un objet chimérique. D'ailleurs, ce que les Grecs appeloient* genre enharmonique, *étoit infiniment différent du nôtre : chez eux, il ne signifioit que la division du premier* demi-ton chromatique *de chaque* tétracorde *en deux* quarts de ton. *Cette progression monstrueuse ne leur étoit d'aucune utilité : voilà pourquoi les auteurs modernes de la fin du dix-septième siècle et du commencement du dix-huitième condamnèrent ce* genre enharmonique. *Cependant avec la perfection des principes harmoniques et avec l'extension des connoissances aesthétiques, les musiciens savans et les théoristes du dix-huitième siècle nous ont créé un* genre enharmonique, *qui nous procure les moyens d'opérer, à chaque instant favorable, les plus grands effets. L'art de la musique contient donc effectivement* trois genres : 1°. *le* diatonique, *composé de tons et de demi-tons ;* 2°. *le* chromatique, *composé entièrement de demi-tons :* 3°. *l'*enharmonique, *composé de demi-tons et de (soi-disant) quarts de ton* (1). (*Voyez l'exemple d'une progression enharmonique*, pl. 1, fig. 4).

(1) Pour connoître davantage le système de la musique grecque, il faut lire l'*histoire* de la *musique* que nous venons de publier, et qui se vend à Paris, chez Kœnig, libraire, quai des Augustins.

CHAPITRE III.

Des Intervalles.

La distance d'un ton à un autre, ou, ce qui revient au même, l'espace qui sépare un ton d'un autre, est appelé *intervalle.* Par exemple : la distance d'*ut* à *ré,* ou l'espace qui se trouve entre ces deux tons, forme l'intervalle d'une *seconde.* La distance d'*ut* à *mi,* forme l'intervalle d'une *tierce,* etc.

L'*octave* est le plus grand et le plus parfait intervalle; elle renferme tous les genres d'intervalles qu'il soit possible de créer. Ceux qui sont formés au delà de l'octave, comme : la neuvième (la *none*), la dixième (la *décime*), la onzième (l'*undécime*) et la douzième (la *duodécime*) ne sont que des intervalles composés de l'octave et de la seconde, de l'octave et de la tierce, de l'octave et de la quarte, de l'octave et de la quinte.

Le plus petit intervalle, dans le genre diatonique, est celui qui, dans le mode majeur, se trouve du 3e. au 4e. et du 7e. au 8e. degré. Par exemple : dans la tonique d'*ut*, le degré de *mi* au *fa* et du *si* à l'*ut*, on le nomme *semi* ou *demi-ton diatonique* (demi-ton naturel). Les autres demi-tons créés par le moyen des diésis et des bémols, sont nommés *demi-tons chromatiques :* nous en avons des majeurs et des mineurs.

Suivant l'opinion de quelques théoristes, on devroit appeler *semi-ton chromatique majeur*, tous les intervalles d'un demi-ton, qui ne se forment pas sur la même ligne ou sur le même degré, et qui ont la proportion de cinq *Comma.* Par exemple : *la-♭si, ut-♯ré, ♯fa-sol*, etc., et l'on devroit nommer *semi-ton*, ou *demi-ton chromatique mineur* les intervalles d'un *demi-ton,* formés sur le même degré et composés de quatre *Comma.* Par exemple : *ut-♯ut, ré-♯ré, fa-♯fa*, etc.

Observation. *Cette doctrine ne convient plus à la musique de nos jours. Dans la pratique, nous ne distinguons que deux* semi-tons, *le* semi-ton majeur *et le* semi-ton mineur : *le premier contient la distance qui se trouve dans la progression de la tierce majeure à la quarte, et son rapport est de* 15 *à* 16. *Le* semi-ton mineur *est la différence qui se trouve entre la tierce mineure et la tierce majeure, formée par le diésis ou par le bémol; il ne change pas de degré, et son rapport est de* 24-25.

Par le moyen des diésis et des bémols, on peut créer sur le papier des intervalles à l'infini : mais leur proportion étant souvent trop grande ou trop petite, ils ne sont point admissibles dans le système. Voici la planche des intervalles que la musique moderne emploie, et que les théoristes les plus fameux ont approuvés et adoptés.

UNISSON. (Pl. 1, fig. 5). Lorsque deux instrumens ou deux voix d'une égale nature exécutent ensemble une même phrase, on dit : ils jouent et ils chantent à l'unisson. Mais lorsque la *basse* joue le même trait avec le violon, et que le *dessus* chante la même mélodie avec la *taille* et la *basse*, il faut dire : ils jouent et ils chantent à l'*octave* : parce qu'il n'existe point d'unité dans les proportions 1—2, ou de 2—4. La fig. 6 (pl. 1) est une *prime augmentée*, que beaucoup de musiciens modernes appellent à tort *unisson superflu*.

Observation. Brossard *et* Rousseau, *ces deux célèbres théoristes français, n'étoient pas plus heureux dans leurs conceptions; Brossard nomme* seconde diminuée, *l'intervalle d'une note à son diésis, comme ré-*ré :* *Rousseau l'en blâme et reconnoît que ce n'est pas une seconde; mais cet estimable auteur tombe dans une erreur non moins blâmable, en déclarant cet intervalle* unisson altéré. *L'unisson ne peut pas être altéré, sans cesser d'être unisson : par conséquent il n'existe point* d'unisson superflu, *ou d'*unisson augmenté, *ni d'*unisson diminué; *mais la musique-pratique emploie une* prime augmentée *ou* superflue.

La SECONDE (pl. 1, fig. 7) est de trois espèces : 1°. la *seconde-mineure*, composée d'un demi-ton; 2°. la *seconde majeure*, composée d'un ton, et 3°. la *seconde superflue* ou *augmentée*, composée d'un ton et demi.

Observation. *Les harmonistes de l'école de Richter avoient l'habitude de compter* cinq espèces de secondes, *savoir* : 1°. *la* minima, 2°. *la* diminuée, 3°. *la* mineure, 4°. *la* majeure *et* 5°. *la* superflue : *mais leur* seconde minima *ut-*ut n'étoit qu'une* prime augmentée : *ils avoient tort de classer* *cet intervalle parmi les secondes. A l'égard de leur* seconde diminuée *ut-♭ré, composée de* 5 *comma, ils étoient tombés dans une autre erreur non moins inconcevable pour nous. Comment pouvoient-ils encore présenter cet intervalle sous la fausse dénomination de* seconde diminuée, *après l'avoir admis parmi les* semi-tons chromatiques majeurs?

La TIERCE (fig. 8, pl. 1) est *majeure*, composée de deux tons; *mineure*, composée d'un ton et d'un demi-ton; *diminuée*, composée de deux demi-tons. La tierce *superflue* est indiquée par la lettre *a*.

Observation. *Autrefois on admettoit, dans le* système, *une* tierce superflue ut-*mi, *et par conséquent aussi une* sixte diminuée *ut-♭la: *mais aujourd'hui quelques harmonistes modernes ont voulu bannir du système ces deux intervalles, et ils ne comptent plus que* trois espèces *de tierce. Cependant la tierce superflue existe.* (*Voyez* fig. 18, pl. 1). *Le la*-bémol *et l'ut*-diésis, *ne forment-ils pas une tierce augmentée? et la fig.* 19, *même planche, qui est le renversement de l'exemple précédent, n'offre-t-elle pas la sixte diminuée *ut-♭la?*

L'on sait bien que la tierce superflue n'est pas propre à former un accord fondamental: mais ce n'est pas une raison suffisante pour la bannir tout de suite du tableau des intervalles.

La QUARTE (fig. 9, pl. 1) est *fausse* ou *diminuée*, lorsqu'elle est composée d'un ton et deux demi-tons; *naturelle* ou *juste*, composée de deux tons et d'un demi-ton; *superflue* ou *augmentée*, composée de trois tons. Cette dernière espèce est vulgairement appelée *triton*.

La QUINTE (fig. 10, pl. 1) est, 1°. *fausse*, composée de deux tons et deux demi-tons; 2°. *juste* ou *naturelle*, ou *parfaite*, composée de trois tons et d'un demi-ton; 3°. *superflue* ou *augmentée*, composée de quatre tons.

La SIXTE (fig. 11, pl. 1) est, 1°. *mineure*, composée de trois tons et deux demi-tons; 2°. *majeure*, composée de quatre tons et d'un demi-ton; 3°. *superflue*, composée de cinq tons.

La SEPTIÈME (fig. 12, pl. 1) est, 1°. *majeure*, composée de cinq tons et d'un demi-ton ; 2°. *mineure*, composée de quatre tons et deux demi-tons ; 3°. *diminuée*, composée de trois tons et trois demi-tons.

L'OCTAVE (fig. 13, pl. 1) est, 1°. *naturelle*, composée de cinq tons et deux demi-tons ; 2°. *superflue*, composée de six tons et d'un demi-ton ; 3°. *diminuée*, composée de quatre tons et trois demi-tons.

Intervalles composés.

La NEUVIÈME (fig. 14, pl. 1) est, 1°. *mineure*, composée de cinq tons et trois demi-tons ; 2°. *majeure*, composée de six tons et deux demi-tons ; 3°. *superflue*, composée de six tons et trois demi-tons.

La DIXIÈME (fig. 15, pl. 1) est, 1°. *diminuée*, composée de cinq tons et quatre demi-tons ; 2°. *mineure*, composée de six tons et trois demi-tons ; 3°. *majeure*, composée de sept tons et deux demi-tons.

La ONZIÈME (fig. 16, pl. 1) est, 1°. *fausse*, composée de six tons et quatre demi-tons ; 2°. *naturelle* ou *juste*, composée de sept tons et trois demi-tons ; 3°. *superflue*, composée de huit tons et deux demi-tons.

La DOUZIÈME (fig. 17, pl. 1) est, 1°. *fausse*, composée de sept tons et quatre demi-tons ; 2°. *naturelle* ou *parfaite*, composée de huit tons et trois demi-tons ; 3°. *superflue*, composée de neuf tons et deux demi-tons.

Beaucoup d'auteurs ne veulent pas entendre parler de l'*octave diminuée* et de l'*octave superflue ;* ils allèguent pour raison, que l'octave doit toujours représenter l'intervalle le plus parfait, et qui ne peut jamais être altéré dans ses parties extérieures, sans perdre au même instant le nom d'octave : en conséquence de ce principe, ces auteurs s'accordent à nommer l'*octave diminuée* **ut*, septième superflue, et l'*octave superflue* **ré*, neuvième diminuée.

Observation. *Ce raisonnement, généralement approuvé dans le dix-septième siècle et au commencement du dix-huitième, doit être examiné sous deux points différens : 1°. il est vrai que l'intervalle de l'octave, composé de cinq tons et deux demi-tons, ne peut pas surpasser ni diminuer son*

son étendue, sans cesser d'être véritablement une octave : mais cette vérité doit-elle nous priver d'un effet charmant, que produit le passage progressif par demi-tons du 8e. *au* 9e. *degré, surtout lorsqu'il est employé pour peindre l'expression de la sensibilité ? Dans ce cas, je propose, pour concilier tous les esprits, de n'appeler* octave, *que l'intervalle composé de cinq tons et deux demi-tons, et d'attribuer aux altérations de l'octave, soit en diminuant, soit en augmentant son étendue, la dénomination de* huitième diminuée *et* huitième augmentée. *Ce changement de terme technique me paroît d'autant plus convenable, qu'il correspond parfaitement bien avec la dénomination des altérations de l'unisson, que nous appelons* prime augmentée.

2°. *Lorsque les anciens nommèrent, à tort et à travers, la distance d'*Ut dièsis *à l'ut* naturel *une septième superflue, et l'intervalle de* Ré naturel *à* ré dièsis, *une* neuvième diminuée, *ils nous ont fourni une nouvelle preuve de la perfection à laquelle on a porté la théorie de l'art, depuis le milieu du dix-huitième siècle.*

CHAPITRE IV.

Des Consonnances et des Dissonances.

Les intervalles, en général, sont divisés en *consonnances* et en *dissonances.* On appelle *consonnance*, tout intervalle qui flatte agréablement notre oreille chaque fois qu'il se fait entendre; on appelle *dissonance*, tout intervalle qui produit l'effet contraire.

Les *consonnances* sont : l'*unisson*, la *tierce*, la *quinte*, la *sixte* et l'*octave.* On les subdivise en deux espèces : *parfaites* et *imparfaites.* Les *consonnances parfaites* sont : l'*unisson*, la *quinte* et l'*octave;* et si l'on veut y comprendre les intervalles composés, la *douzième*, la *double octave*, etc. Les *consonnances imparfaites* sont : la *tierce*, la *sixte* et la *dixième.*

Les *dissonances* sont : la *seconde*, la *quarte*, le *triton*, la *fausse quinte* et la *septième;* parmi les intervalles composés, la *neuvième* et la *onzième.*

Voici le tableau général des consonnances et des dissonances.

	Consonnances				Dissonances.		
	parf.	imp.	parf.	imp.			
Simples	1	3	5	6	2	4	7
Composées d'une octave	8	10	12	13	9	11	14
Composées de deux octaves	15	17	19	20	16	18	21
Composées de trois octaves	22	24	26	27	23	25	28

On a si souvent discuté cette question, *l'unisson est-il une consonnance ou non?* qu'il doit nous être permis aussi d'en dire notre opinion.

Le mot *unisson* a une double acception : 1°. il signifie un *son*, une *seule note* ou un *ton;* 2°. il représente l'unité de deux sons qui se trouvent d'une même proportion, comme : 1—1.

Beaucoup de mathématiciens n'ayant pas voulu reconnoître l'unité 1 comme nombre, mais seulement comme le principe des nombres, quelques musiciens ont de même prétendu que l'*unisson* ne renfermoit pas la concordance d'*intervalle* à *intervalle :* en conséquence qu'il n'étoit qu'un son qui, tout au plus, ne pouvoit être regardé que comme le principe des autres intervalles. Ces auteurs allèguent pour raison, que l'on ne peut appeler consonnance ou intervalle *un son* qui, relativement à un autre son, n'offre aucune distance ni proportion.

Après avoir bien long-temps examiné le pour et le contre dans cette discussion, nous déclarons être de l'entière et pleine conviction, que l'unisson doit être classé parmi les consonnances, n'importe sous quel rapport on l'envisage, soit comme un seul ton, ou comme l'unité de deux sons. Il est le principe ou le point fondamental d'où sortent toutes les autres consonnances : cette qualité seule peut suffire pour lui donner le droit incontestable d'être lui-même une consonnance, sans avoir encore recours aux preuves de son plus parfait accord, etc.

A l'égard de la *tierce*, l'on est d'accord que la *tierce mineure* est moins parfaite que la *tierce majeure*; mais on n'a pas décidé si toutes les deux sont propres à être employées dans l'accord final d'une composition. Faute d'une détermination généralement adoptée à ce sujet, nous nous permettons d'en dire notre opinion, sans prétendre combattre celles des autres. Nous avouons donc que la *tierce mineure* n'a jamais su contenter notre oreille dans la finale d'un morceau composé dans la *tonique mineure* : en conséquence, nous préférons finir ces compositions avec la *tierce majeure.* M. *Mizler* est d'avis que l'on peut finir avec la *tierce mineure*, sans craindre de troubler et d'offenser l'oreille. M. *Fuchs* conseille à ses élèves de supprimer la *tierce mineure* dans l'accord final, et de chercher à finir plutôt avec l'octave. Il trouve que la *tierce mineure*, ayant continuellement frappé l'oreille pendant la durée d'un morceau, ne sauroit plus effectuer, dans l'accord final, ce contentement indicible auquel nous aspirons dans la conclusion de chaque composition.

Observation. *Toutes ces phrases indéterminées sur l'emploi de la* tierce mineure *nous font bien connoître l'esprit et les principes de la composition du dix-septième siècle. Heureusement pour nous, la fin du dix-huitième a rendu à la* tierce mineure *les mêmes honneurs que nos pères accordoient à la* tierce majeure : *nos sens ne s'irritent pas d'entendre la* tierce mineure *dans l'accord final d'un morceau.*

Avant de quitter le chapitre des intervalles, il nous faut encore exposer un problème à résoudre; le voici :

La *quarte* est-elle une consonnance ou une dissonance?

Il y a des vieux routiers qui donnent cette solution : la *quarte* est une consonnance, lorsqu'elle dérive de la division harmonique de l'octave; elle est une dissonance, quand elle dérive de la division arithmétique de l'octave.

Exemple.

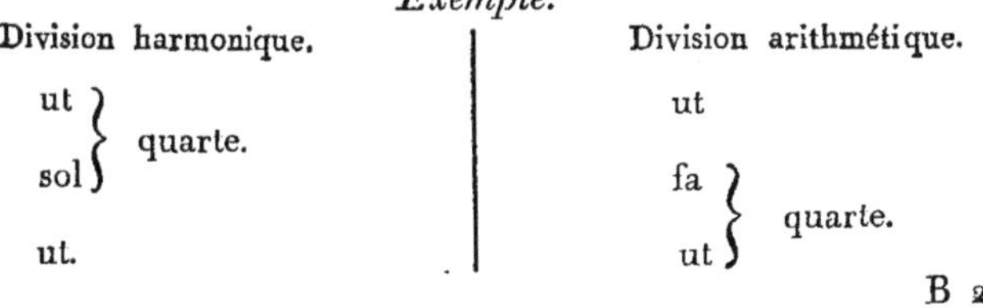

Mais dans la composition du contre-point, on ne peut pas s'apuyer sur des principes aussi vagues, aussi douteux : il faut qu'ils soient déterminés irrévocablement. Pour ménager les opinions de tous les partis, nous allons examiner, sans partialité, l'emploi de la quarte : nos lecteurs pourront après la juger eux-mêmes.

La quarte placée ainsi $\substack{ut\\sol}$, n'a jamais pu satisfaire l'oreille : elle exige encore une quinte au-dessous, comme : $\substack{ut\\sol\\ut}$. Mais qui pourroit commettre l'erreur de prendre, dans cette division harmonique, le ton de *sol*, ou celui d'*ut*, pour une *quarte ?* Tout le monde sait que la progression des intervalles se compte du *grave* à *l'aigu*, et non pas d'après les parties intermédiaires.

A ces remarques, nous allons ajouter quelques exemples, qui feront connoître les différentes résolutions de la quarte. (*Voyez* pl. 1, fig. 20.)

CHAPITRE V.

Des Accords.

Observation. *Nous regrettons beaucoup que* Richter, *dans son ouvrage, n'ait pas parlé des accords, de leur nombre et de leur division en fondamentaux et en dérivés, etc., etc. Il supposoit sans doute que celui qui s'applique à la composition doit en connoître les matériaux : cette supposition nous prive du plaisir de mettre sa doctrine sur les accords en comparaison avec la doctrine des harmonistes de nos jours et d'y joindre nos réflexions.................. On a lieu d'espérer que bientôt quelques-uns des principes et des dénominations de* Rameau *seront généralement reconnus comme imparfaits et même vicieux : les musiciens et compositeurs français adopteront sans doute un système d'harmonie qui, établi sur les véritables principes, sera exempt de* suppositions, *de* double emploi, *de* septième superflue, *etc., etc., etc.*

Le système de deux accords fondamentaux, la triade harmonique *et l'*accord de septième, *étant approuvé par les harmonistes éclairés, nous allons proposer la détermination définitive de la dénomination des accords.*

Tout le monde dit, avec raison, que l'accord (pl. 1, fig. 23) *est un* accord parfait majeur, *et* (fig. 24) *un* accord parfait mineur : *mais l'accord,* (fig. 25) *qu'ordinairement on appelle accord diminué ou accord de fausse quinte, seroit mieux dénommé* accord imparfait. *Nous nous flattons que tous ceux qui, non prévenus en faveur d'anciennes habitudes, examineront la composition de cet accord et son incapacité à indiquer une tonique, seront de notre avis et l'appelleront* accord imparfait.

Il nous reste encore à parler de deux accords que l'erreur a nommés accord parfait diminué *et* accord parfait superflu (pl. 1, fig. 26 et 27). *Voilà des expressions bien fausses : car le parfait ne peut être diminué ni augmenté sans cesser au même instant d'être parfait. Il est plus convenable de nommer le premier* (fig. 26) triade diminuée; *et le second* (fig. 27) triade augmentée. *L'explication vague que Rousseau a donnée du mot* triade *ne doit pas nous empêcher de l'employer ici : ce mot est le seul qui convient à ces accords. Il rend parfaitement bien ce que les Allemands appellent* Dreyklang.

Nous allons parler maintenant de l'accord de septième dont nous reconnoissons six espèces, que nous dénommons ainsi : 1°. accord de septième dominante (fig. 28, pl. 1.); 2°. accord de septième médiante (fig. 29); 3°. accord de septième sensible (fig. 30); 4°. accord de septième diminuée (fig. 31); 5°. accord de septième mineure (fig. 1, pl. 2) *et* 6°. accord de septième majeure (fig. 2, pl. 2).

Parmi ces six accords, il y en a trois *dont la* septième *est mineure; néanmoins, nous n'avons donné qu'à* un seul *le titre de cet accord. Pour justifier cette dénomination, nous observons, que l'accord de septième dominante est déjà assez distingué par sa tierce majeure et la quinte parfaite, sans que nous ayons besoin de nommer encore la qualité de sa septième. Il en est de même de l'accord de* septième médiante *qui se caractérise par sa tierce mineure et sa quinte parfaite : nous croyons donc être autorisé à nommer l'accord* (fig. 1, pl. 2), accord de septième mineure.

Nous avons éprouvé plus d'embarras pour déterminer la distinction que l'on pourroit faire entre les deux accords (fig. 30 et 31 de la pl 1), *composés tous deux de la septième diminuée et dont la note grave est une note sensible. Cependant, comme il n'est guères d'usage d'employer l'accord* (fig. 31) *dans sa structure fondamentale, nous avons cru le distinguer suffisamment de l'autre accord de septième diminuée en le nommant* accord de septième diminuée, et *l'autre* (fig. 30) accord de septième sensible. *L'accord de septième diminuée est composé de la fausse quinte et de la tierce diminuée; l'accord de septième sensible est composé de la fausse quinte et de la tierce mineure.*

Ces dénominations une fois adoptées rendront l'enseignement de l'harmonie plus claire et plus systématique : l'instruction des musiciens compositeurs deviendra plus étendue et plus solide. Nous nous réservons de parler, dans un autre ouvrage, de ces fausses dénominations en usage jusqu'à ce jour; et pour lors nous démontrerons plus complétement la nécessité absolue de les corriger. Les sciences et les beaux arts ont été portés à un degré de perfection qui fait honneur au dix-huitième siècle : mais prenons garde qu'ils ne se dégradent pas entre nos mains, et d'encourir le mépris de la postérité.

CHAPITRE VI.

Des six Modes, ou des douze Toniques.

Les auteurs ne sont pas d'accord sur le nombre des toniques : les *uns* en admettent douze; les *autres* seulement huit; *Heinichen* les a fixées à 24 (1).

Dans ce moment nous ne nous occuperons que des *six modes naturels*, comme le mode de *ré*, de *mi*, *fa*, *sol*, *la* et *ut*. Si l'on est surpris de ne pas trouver le ton de *si* parmi les modes, il faut se rappeler que sa division harmonique lui donne une *fausse quinte*, qui le rend incapable d'être employé comme tonique.

L'octave de chaque mode se divise de deux manières : 1°. *harmoniquement*; 2°. *arithmétiquement*. La division harmonique se fait en montant de la tonique à la quinte, et de là à l'octave. *Voyez* pl. 2, fig. 3. La division arithmétique se fait de la dominante à la tonique, et de là à la quinte (fig. 4).

Pour mieux distinguer les modes, on appelle *authentique* celui qui est divisé harmoniquement; et l'on nomme mode *plagal*, celui qui l'est arithmétiquement. Le mot *plagal* signifie *inversion :* chaque mode plagal est par conséquent une *tonique inverse* d'un *mode authentique*. *Voyez* pl. 2, fig. 5, 6, 7, 8, 9 *et* 10.

(1) Nous les avons portés jusqu'à *trente* : c'est là où il faut s'arrêter.

L'authentique du mode de *ré* est, *fig. a*, et son mode plagal, *fig.* 5, *b*.

Le mode authentique de *mi* avec son plagal, *fig.* 6, *a*, *b*.

Le mode authentique de *fa* avec son plagal, *fig.* 7.

Le mode authentique de *sol* avec son plagal, *fig.* 8.

Le mode authentique de *la* avec son plagal, *fig.* 9.

Le mode authentique d'*ut* avec son plagal, *fig.* 10.

Pour la composition de la fugue, il est de la dernière nécessité de bien connoître les authentiques et les plagaux de chaque mode : nous croyons donc rendre un véritable service aux élèves, d'ajouter à l'explication théorique des exemples-pratiques.

Du mode Ré.

En formant la gamme diatonique de chaque mode, il faut observer que les dièses et les bémols en restent absolument exclus, et que les intervalles se suivent dans leur progression naturelle. Par exemple : la gamme du premier mode, ou la tonique de *ré*, ne présente ni dièses au 3e. et au 7e. degré, ni bémols au 6e. degré. *Voyez* pl. 2, fig. 11.

L'*octave* du mode *authentique*, ou le premier ton, est : *Ré*—*ré*.

Plagal, ou le second ton, *La*—*la*.

Ce premier mode a trois cadences différentes : la première est la cadence principale, sur la *tonique*; la seconde est la cadence de la *dominante*, sur la *quinte*; la troisième est la cadence de la médiante, sur la *tierce*. *Voyez* pl. 2, fig. 12, *a*, *b*, *c*.

Dans les exemples-pratiques, nous employons des termes techniques dont nous jugeons nécessaire d'expliquer le sens. *Par exemple* : le mot *Dux* signifie le *sujet* ou le thème de la fugue : *Comes* en est la *réponse*. *Répercussion* s'appelle la répétition du sujet ou sa transposition dans une autre partie à une octave plus haute ou plus basse. Voyons maintenant l'exemple (*pl.* 2, *fig.* 13) : le *dux* commence le sujet sur la tonique, et fait une progression de quinte; le *Comes* le suit sur la *dominante*, en faisant une progression de quarte de la *dominante* à la *tonique*. La *répercussion* du motif dans la 3e. et 4e. partie, observe les mêmes règles.

La *figure* 14 présente un exemple dans lequel le mode authentique et le mode plagal sont bien exprimés.

(*Pl.* 2, *fig.* 15), le *Dux* commence le sujet sur la dominante, et module par la sixte mineure vers l'octave ; le *comes* en fait la réponse sur la tonique, s'élève d'une tierce et module vers la dominante.

(*Pl.* 3, *fig.* 1) nous présente un exemple du mode plagal ou du second ton. L'*alto* entonne le sujet sur le ton authentique, et le *dessus* en fait la réponse dans le mode plagal.

Observation. *On voit que Richter a diminué la valeur de la première note dans la réponse, pour ne pas la commencer avec une quinte* ré la. *C'est une licence que des grands maîtres se sont quelquefois permise : cependant on ne peut y applaudir.*

Du mode Mi, *ou du 3e. et 4e. ton.*

Le mode de *mi* et sa tonique plagale *si* exigent, dans la composition liturgique, un traitement tout à fait différent des autres modes et toniques. Son véritable caractère ne permet pas de diésis à la clef. Si dans quelques *préambules* et *versets* imprimés on trouve le *fa diésis* indiqué à la clef, c'est une preuve d'ignorance de la part de son auteur.

Le mode *mi* a deux répercussions différentes : 1°. la répercussion ordinaire *mi-si-mi ;* 2°. la répercussion extraordinaire *mi-ut-mi. Voyez* pl. 3, fig. 2.

La tonique plagale, ou le 4e. ton, a de même aussi deux répercussions : 1°. l'ordinaire *si-mi-si ;* 2°. l'extraordinaire *mi-la-mi. Voyez* fig. 3.

La progression diatonique de l'octave est, *fig.* 5. On ne peut, sans altérer entièrement la nature de ce mode, cadencer sur la dominante, parce qu'elle produit la fausse quinte, *fa* naturel : il en est de même avec le mode plagal de *mi*, ou de la tonique de *si.* Le seul moyen de cadencer dans ce mode est d'éviter la dominante et d'employer les cadences imparfaites. *Voyez* pl. 3, fig. 4.

Les exemples suivans nous feront mieux connoître le caractère de ce mode. *Voyez* pl. 3, fig. 5.

Observation. *La tierce majeure, que notre auteur a employée dans l'accord final, étoit tolérée autrefois, ou plutôt on la préféroit dans l'accord final, en raison de la division d'opinions relatives à la tierce mineure. Nous en avons déjà parlé plus haut.*

Pl. 4,

(*Pl.4, fig.* 1), est un exemple qui contraste avec le précédent, en ce qu'il est entièrement authentique, et qu'en place du *comes* ou de la réponse au sujet principal, il fait entendre un contre-sujet.

Dans la fugue (*pl.* 5, *fig.* 2), le sujet commence sur le *ton plagal*, et la réponse le suit sur le ton authentique de *mi.*

OBSERVATION. *Le mot* constriction *que Richter a écrit vers la fin du morceau, indique qu'il a cherché à resserrer la répercussion du thème, avant la conclusion.*

Dans l'exemple à trois parties (*pl.* 5, *fig.* 1), la *constriction* du thème est parfaitement bien faite.

Du Mode Fa, *ou du* 5e. *et* 6e. *ton.*

Le caractère de ce mode défend l'emploi du bémol au quatrième degré : cependant l'introduction passagère du bémol est tolérable, pourvu qu'il ne devienne pas trop dominant.

La répercussion du mode *fa*, ainsi que de sa tonique plagale, se fait de la manière ordinaire. *Voyez* sa division harmonique et arithmétique, *pl.* 6, *fig.* 1, et sa progression diatonique, *fig.* 2.

L'exemple (*fig.* 3), nous fait voir de quelle manière l'on peut éviter le bémol au 4e. degré de ce mode. Dans la fugue (*fig.* 4), le bémol est employé passagèrement. (*Pl.* 7, *fig.* 1), est une fugue à trois parties, dans laquelle le *si* naturel et le *si-bémol* dominent alternativement. (*Pl.* 7, *fig.* 2), est un exemple dans le mode plagal.

Du Mode Sol, *ou du* 7e. *et* 8e. *ton.*

La plupart des compositeurs semblent préférer ce mode pour la composition de leurs fugues : mais il y en a peu qui possèdent l'art de le traiter sans altérer sa caractéristique. La grande difficulté est d'échapper à la nécessité d'employer le *fa* diésis dans le sujet et dans sa réponse : une fois sorti de ce danger, le reste n'est plus qu'un jeu pour celui qui sait faire une fugue.

La répercussion du mode *sol* se fait de la manière ordinaire, comme :

sol-ré, ré-sol. *Voyez* pl. 8, fig. 1. Mais le ton plagal de ce mode admet deux répercussions, l'ordinaire *ré-sol, sol-ré*, et l'extraordinaire *sol-ut, ut-sol.* *Voyez* fig. 2. La progression diatonique du mode *sol* est, *fig.* 3.

Voyons présentement quelques exemples. (Pl. 8, fig. 4 et 5).

La répercussion extraordinaire du mode plagal de *sol* ressemble beaucoup à la tonique d'*ut;* il n'y a que le septième degré qui en marque la différence. Dans celle de *sol*, le septième degré fait la progression d'un ton vers l'octave; et dans la tonique d'*ut*, il n'y a qu'un demi-ton du septième au huitième degré. (*Pl.* 9, *fig.* 1), est un exemple du mode *sol* avec la réponse en *ut.*

Du Mode La, *ou du* 9e. *et* 10e. *ton.*

La division harmonique et arithmétique de ce mode est : *la-mi-la*, et *mi-la-mi.* *Voyez* fig. 2, pl. 9. La progression diatonique de son octave est, *fig.* 3.

A l'égard de ses cadences en *mi*, il faut éviter, dans le style liturgique, l'emploi du *ré-diésis.* *Voyez* fig. 4. Dans le style théâtral, on est dégagé de cette gêne, depuis que l'expérience nous a appris que ce que le style liturgique condamne, produit souvent le plus grand effet sur la scène.

(*Pl.* 9, *fig.* 5), est une fugue dans le mode authentique de *la.* (*Pl.* 10, *fig.* 1), est un exemple dans le mode plagal.

*Du Mode d'*Ut, *ou du* 11e. *et* 12e. *ton.*

La division harmonique de ce mode est *ut-sol-ut;* sa division arithmétique *sol-ut-sol.* *Voyez* pl. 10, fig. 2; sa progression diatonique est, *fig.* 3.

Voyons quelques exemples dans ce mode (*pl.* 11, *fig.* 1, et *pl.* 12, *fig.* 1). Dans la seconde fugue, l'on peut faire remarquer à un élève de quelle manière naturelle le sujet module vers la dominante, pour préparer l'entrée de la réponse : il en est de même avec la répercussion dans la *taille* et dans la *basse.* (*Pl.* 12, *fig.* 2), est encore un exemple à 3 parties dans le mode d'*ut.*

CHAPITRE VII.

Du Mouvement.

OBSERVATION. *Il est vraiment étonnant que jusqu'à présent on ait employé le mot* mouvement *de deux manières bien différentes, sans chercher à lui assigner une acception convenable et vraie. Tantôt on emploie ce mot pour exprimer le degré de vîtesse ou de lenteur d'un morceau de musique; dans ce cas, beaucoup de personnes le confondent encore avec le mot* mesure : *tantôt on l'emploie pour indiquer la marche mélodieuse qu'observent deux parties entre elles, par exemple :* mouvement direct, mouvement contraire, mouvement oblique. *Mais, dans l'art de la musique, dont les principes fondamentaux sont les mêmes que ceux de la physique et des mathématiques, nul terme technique ne doit avoir un double sens ou un double emploi. Conséquemment, si nous employons le mot mouvement dans la désignation du degré de vîtesse ou de lenteur d'un morceau de musique, nous avons tort d'employer ce même mot, pour caractériser la marche qu'observent, dans la composition, les* parties *entre elles.*

Espérant que nos observations obtiendront les suffrages des maîtres de l'art, nous proposerons :

1°. *De n'employer le mot* mouvement, *que relativement au degré de vîtesse ou de lenteur d'un morceau, par exemple : mouvement d'allegro, mouvement de menuet, mouvement de gavotte, etc.*

2°. *Quant à la composition des parties, nous pensons que l'on peut substituer au mot mouvement, le mot* marche, *et dire : la* marche directe, *la* marche contraire, *et la* marche oblique (1).

(1) Quelques auteurs ont voulu introduire une *marche* parallèle (quand les deux parties restent à la fois sur le même degré pendant quelques mesures); mais cette innovation ne mérite aucune attention.

Ces propositions, dictées par le désir de perfectionner la théorie de la musique, éprouveront sans doute bien des contrariétés avant que d'être généralement adoptées : nous nous y attendons ; car il a toujours été difficile, quelquefois même impossible, de détruire d'anciennes erreurs.

Pour se garantir des fautes de composition qui résultent d'une marche vicieuse des *parties*, il n'y a pas d'autre moyen que de bien connoître et employer les *trois mouvemens* ou *marches*, savoir : 1°. la marche *directe* (1); 2°. la marche *contraire* ; 3°. la marche *oblique.*

L'on appelle marche directe, lorsque les parties d'une composition observent une égale progression, soit en montant, soit en descendant. *Voyez* pl. 13, fig. 1.

L'on appelle marche contraire, lorsqu'une partie fait une progression de tons en montant, tandis que l'autre la fait en descendant. *Voyez* pl. 13, fig. 2.

L'on appelle marche oblique, lorsqu'une partie reste au même degré, tandis que l'autre fait une progression de tons, en montant ou en descendant. *Voyez* pl. 13, fig. 3.

Dans le *style canonique*, nous nous servons du mot marche contraire, pour indiquer la marche d'intervalles qu'observe la *réponse* d'un thème ou d'un sujet : c'est-à-dire, que si le sujet fait une progression en montant, la *réponse* doit la faire en descendant, etc. *Voyez-en un exemple*, pl. 15, fig. 4.

Il faut être bien circonspect dans l'emploi des *consonnances parfaites* : car, en marche directe, elles produisent toujours des octaves ou des quintes cachées. *Voyez* pl. 13, fig. 5. Pour s'en garantir, il faut se servir de la marche contraire : les consonnances *imparfaites* permettent sans danger l'emploi des trois marches. *Voyez* pl. 13, fig. 6.

Les ouvrages de certains compositeurs nous font quelquefois éprouver une sensation désagréable, que nous ne devons attribuer qu'aux progressions irrégulières que ces musiciens emploient. *Voyez* pl. 13, fig. 7. Nous connoissons même des auteurs qui, par de fausses relations d'harmonie, cherchent à donner plus d'originalité à leurs productions. Faute de génie,

(1) Dans la suite de cet ouvrage je ne me servirai que des dénominations que je propose.

ils font souvent du fracas qu'ils ont l'adressse de faire applaudir : c'est ainsi qu'ils en imposent aux critiques de leurs contemporains, et qu'ils jouissent d'une réputation usurpée : mais, par ces manéges, espèrent-ils aussi en imposer au jugement de la postérité ?

Il faut encore éviter les progressions de mélodie et d'harmonie qui contrarient la nature de la tonique dans laquelle on compose. Par exemple : si l'on vouloit donner plus de mélodie à la marche de notes (*fig.* 1, *pl.* 14), il seroit bien aisé de le faire en montant, *voyez* fig. 2, parce que la cinquième note *si* fait sa résolution en *ut* (*fig. a*). Mais si l'on se servoit d'un *si* naturel en descendant, il en résulteroit une relation vicieuse à la seconde mesure (*fig.* 3), où l'accord *sol-majeur* est suivi de l'accord *fa-majeur.* L'un se caractérise par un diésis, l'autre par un bémol.

La succession de deux tierces majeures n'a été défendue dans le *contrepoint*, que parce qu'elle présente toujours deux accords parfaits, qui n'ont aucune relation entre eux.

Pour écarter la relation vicieuse de la seconde mesure (*fig.* 3), il faut la corriger de cette manière : *voyez* fig. 4.

Examinons un autre exemple, que nos lecteurs ont surement entendu plus d'une fois. (La fig. 5, pl. 14), est une marche progressive qui, au premier abord, sembleroit être très-bonne, tandis qu'elle est très-vicieuse ; en voici les raisons : les deux tierces majeures de la première mesure, *fa-la*, *sol-si*, sont mauvaises et défendues : le *si* naturel de la seconde mesure forme, avec la première note de cette marche, un *triton*, qui ne doit jamais être employé sur le *frappé* de la mesure : il en est de même avec le triton, qui se forme de la quatrième à la cinquième mesure, et qui, tombant sur le *frappé*, produit un effet désagréable.

Quelques auteurs ont cherché à éviter la dureté du triton, en corrigeant cet exemple de la manière suivante, *fig.* 6 ; mais ils sont tombés dans une autre faute, en se permettant une fausse relation d'harmonie. *Voyez a.* Le seul moyen de rendre supportable la progression de cet exemple, seroit de la corriger ainsi (*fig.* 7).

Après avoir fait connoître les trois genres de marches et les progressions irrégulières en composition, nous allons encore présenter à nos lecteurs quelques exemples à trois et à quatre parties, qui pourront leur servir de modèles.

Nous avons vu (*pl.* 13, *fig.* 6) que, dans la composition à deux parties, l'on peut employer à volonté les trois marches : mais, dans la composition à trois parties, il est nécessaire d'observer, lorsque deux parties font une progression *directe*, que la troisième partie la fasse *contraire;* ou si la troisième partie doit aussi conserver la marche directe, il faut du moins qu'elle emploie des syncopes, en anticipant sur la consonnance de l'accord suivant. *Voyez* fig. 8, pl. 14. Ici l'*alto* et la *basse* vont par tierces en marche directe, et la *taille* fait la partie d'accompagnement en marche contraire. Dans l'exemple (*pl.* 14, *fig.* 9), les trois parties vont en marche directe : mais tandis que l'alto et la basse procèdent par tierces, le dessus fait des anticipations : c'est par ce moyen que la progression fautive qui résulteroit d'une suite d'accords parfaits en marche directe, est évitée.

Dans la composition à quatre parties, l'on peut en faire deux en marche directe, et deux en marche contraire. *Voyez* fig. 10. L'on peut même employer la marche oblique. *Voyez* fig. 11, *a*, *a*. Dans l'exemple (*pl.* 15, *fig.* 1), la taille va par syncope en marche directe avec la basse, et l'alto en marche contraire : le dessus fait, à une douzième plus haut, l'imitation de la basse.

(*Pl.* 15, *fig.* 2), les quatre parties vont en marche directe : si, dans cet exemple, ils ne produisent pas un mauvais effet, c'est parce que l'uniformité de la marche est beaucoup altérée par les syncopations continuelles entre la taille et le dessus.

Dans l'exemple (*pl.* 15, *fig.* 3), le dessus et la basse vont en marche directe, et l'alto et la taille en marche contraire.

Certains auteurs, pour éviter les progressions fautives de quintes et d'octaves, mettent des *soupirs* sur le *frappé* dans l'une ou l'autre partie. *Voyez* pl. 16, fig. 1 et 2 : mais ces foibles moyens ne sauroient cacher les fautes et ennoblir la mauvaise conception du compositeur.

Il y a des musiciens qui se trompent souvent dans l'emploi de l'unisson et de l'octave, et qui placent ces deux intervalles sur le *frappé*, au lieu de les mettre sur le *levé* de la mesure. *Voyez* les exemples, pl. 16, fig. 4.

Il en est de même avec la sixte, lorsqu'elle est suivie de la quinte. *Voyez* les exemples, pl. 16, fig. 4.

CHAPITRE VIII.

Du Contre-point.

L'ART du *Contre-point* repose sur des règles immuables, que l'on ne peut altérer sans cesser d'être correct dans sa composition.

Les règles principales sont :

1°. D'éviter les quintes et les octaves cachées, qui, comme nous l'avons démontré (*pl.* 13, *fig.* 5), sont le résultat d'une marche mal choisie.

2°. Ce n'est que par la *marche contraire* que l'on doit passer d'une consonnance parfaite à une autre consonnance parfaite.

3°. La progression d'une consonnance parfaite à une consonnance imparfaite se fait par les trois marches.

4°. Le passage d'une consonnance imparfaite à une parfaite se fait par la marche contraire et par la marche oblique. *Voyez* pl. 16, fig. 6.

5°. D'une consonnance imparfaite à une autre imparfaite, l'on peut procéder par les trois marches.

6°. Il faut commencer et finir un morceau par une consonnance parfaite.

7°. Lorsqu'on a commencé par une consonnance parfaite, il faut de suite employer la marche contraire ou la marche oblique.

8°. Lorsque le *Canto firmo*, ainsi que la partie du contre-point, vont en marche directe, il faut éviter la progression d'une consonnance imparfaite à une parfaite. *Voyez* pl. 16, fig. 5.

9°. Lorsque le canto firmo descend, et que le contre-point monte, il faut éviter que l'octave succède à la tierce et à la quinte. *Voyez* pl. 16, fig. 7. Elle ne peut être employée, dans ce cas, que précédée de la sixte. *Voyez* fig. 8.

10°. Quand le canto firmo observe une marche oblique, la tierce, ainsi que la quinte, peut succéder à la petite sixte. *Voyez* fig. 9.

11°. La sixte majeure ne peut succéder à l'unisson : mais la sixte mineure est tolérable. *Voyez* pl. 17, fig. 1.

12°. Une suite de sixtes majeures ou mineures en marche directe, est défendue. *Voyez* pl. 17, fig. 2. Si l'on veut faire une progression de sixtes, il faut du moins qu'elles varient dans le genre, c'est-à-dire, qu'une sixte majeure soit suivie d'une sixte mineure, et *vice versâ. Voyez* pl. 17, fig. 3.

13°. Il est de même défendu de faire en marche directe une suite de tierces majeures ou mineures. *Voyez* fig. 4. Il faut qu'une tierce majeure soit suivie d'une mineure, et *vice versâ. Voyez* fig. 5.

14°. Lorsqu'une partie reste en marche oblique, l'autre partie ne doit pas procéder de la sixte à l'octave. Que l'on examine le peu d'effet harmonique de l'exemple (*pl.* 17, *fig.* 6).

15°. En marche directe et en marche contraire, l'on ne peut procéder de la sixte majeure à la quinte. *Voyez* l'exemple, fig. 7. Ces progressions ne pourront avoir lieu qu'avec la sixte mineure. *Voyez* fig. 8.

16°. Toute fausse relation d'harmonie, dont nous avons parlé (*pl.* 13, *fig.* 7), est illicite.

17°. Il faut éviter de passer par une marche contraire de l'unisson à la quinte, et de la quinte à l'unisson. *Voyez* pl. 17, fig. 9.

18°. Ni les points, ni les syncopes et les soupirs ne sauroient corriger une progression fautive d'octaves et de quintes. Nous en avons déjà vu un exemple (*pl.* 16, *fig.* 1 *et* 2).

19°. Il faut être circonspect dans l'emploi de la quinte après la sixte majeure; ou, si l'on veut se permettre cette progression, il vaut infiniment mieux que la quinte succède à la sixte mineure. *Voyez* pl. 17, fig. 10.

Après avoir entretenu nos lecteurs des règles les plus essentielles, nous allons, avant de les mettre en pratique, expliquer encore les différens genres du contre-point.

Nos meilleurs contre-pointistes n'en comptent que cinq espèces : 1°. le contre-point égal ou *note contre note :* c'est ce que les anciens appeloient *point contre point*, d'où dérive le mot *contre-point ;* 2°. de *deux blanches* contre une *ronde ;* 3°. de *quatre noires* contre une *ronde ;* la 4e. emploie les *syncopes*, et la 5e. est le contre-point *figuré*.

Ces différentes espèces sont applicables dans les compositions à deux, trois, quatre parties et plus.

Voyons maintenant un exemple de la première espèce. La pl. 17, fig. 11, nous présente un *canto firmo* (1) en *ré*, ou dans le mode *dorien*, sur

(1) Ce mot est généralement connu et reçu des compositeurs allemands et italiens.

lequel nous allons composer la partie du contre-point. *Voyez* fig. 12.

Arrêtons-nous un moment à l'examen de cette composition, pour voir si la progression des intervalles et le choix des marches sont toujours conformes aux règles établies dans ce chapitre.

1re. mesure : le commencement se fait avec une consonnance parfaite. Conforme à la règle n°. 6.

2e. mesure : la marche oblique est employée pour aller d'une consonnance parfaite à une imparfaite, de la quinte à la tierce. Règle 3.

3e. mesure : la progression de deux tierces, dont l'une majeure et l'autre mineure, faites en marche directe. Règle 5.

4e. mesure : de la tierce mineure à la quinte, ou d'une consonnance imparfaite à une parfaite, par la marche contraire. Règle 4.

5e. mesure : de la quinte à la tierce, ou d'une consonnance parfaite à une imparfaite, par la marche directe. Règle 3.

6e. mesure : de la tierce à la quinte par la marche contraire. Règle 4.

7e. mesure : de la quinte à la tierce en marche oblique. Règle 3.

8e. mesure : de la tierce mineure à la tierce majeure par la marche directe. Règles 5 et 13.

9e. mesure : de la tierce majeure à la sixte mineure, par la marche contraire. Règle 5.

10e. mesure : la sixte mineure a succédé à la sixte majeure en marche directe. Conforme aux règles 5 et 12.

11e. mesure : de la sixte majeure à l'octave, ou d'une consonnance imparfaite à une parfaite, en marche contraire. *Voyez* règles 4 et 6.

Observation. *Cette analyse peut servir de modèle à nos lecteurs, pour examiner eux-mêmes les exemples suivans.*

En transposant ce même *canto firmo* au *dessus*, alors le contre-point ne pourra plus commencer avec la quinte, par rapport à la tonique de *ré*, et la progression des intervalles doit être telle que nous la voyons, *pl.* 18, *fig.* 1.

Il signifie *un sujet donné*, au-dessus ou au-dessous duquel on compose la partie du contre-point : ce *sujet* pour l'ordinaire est pris du *plain-chant*. Le mot *sujet* ayant chez les Français encore une autre signification en composition, nous préférons de nous servir, dans le contre-point, du terme *canto firmo*, ou chant.

Deuxième espèce de Contre-point.

Cette espèce se caractérise par deux *blanches* contre une *ronde* (comme nous l'avons dit plus haut). La première de ces deux blanches doit toujours être une consonnance et tomber sur le *frappé* (*Thesis*). La seconde, tombant sur le *levé* (*Arsin*) peut être consonnance et dissonance. *Voyez* fig. 2, pl. 18, *a*, *b*, *c*.

Tout ce que nous avons dit relativement au choix des marches et à la progression des intervalles, doit être scrupuleusement observé : nous y ajoutons encore quelques règles que nous ne saurions assez recommander: 1°. d'être circonspect dans l'emploi des tierces, parce qu'une suite de tierces amène souvent une progression de quintes et d'octaves. *Voyez* pl. 18, fig. 3.

2°. Si, pendant quelques mesures, on ne sauroit éviter de mettre sur le *frappé* une consonnance parfaite, il faut alors l'employer ainsi : *voyez* fig. 4; de cette manière la progression d'octaves cachées est écartée, et la règle n°. 3 parfaitement bien observée.

3°. Si l'on ne veut pas que deux consonnances parfaites se suivent, l'on peut, surtout dans la première mesure d'un morceau, mettre une demi-pause sur le temps fort. *Voyez* l'exemple fig. 5.

4°. Lorsque les intervalles des deux parties se seroient tellement approchées, que la marche d'une partie embarrassât celle de l'autre, on peut se sauver en faisant un écart, soit de la petite sixte ou de l'octave. *Voyez* fig. 6 et 7, et fig. 5, *a*.

Examinons à présent le contre-point de l'exemple *pl.* 18, *fig.* 8.

Troisième espèce de Contre-point.

Cette espèce exige *quatre noires* contre *une ronde*. La première de ces quatre notes (soit qu'elles montent ou qu'elles descendent) peut être une consonnance ; la seconde une dissonance ; la troisième une consonnance, et la quatrième encore une dissonance, quand la cinquième note (sur le *frappé* de la mesure suivante) est une consonnance. *Voyez pl.* 18, fig. 9.

Il nous faut cependant observer que ceci n'est pas une règle sans exception : la troisième note peut aussi bien être une dissonance (*fig.* 10), que la troisième et la quatrième peuvent être des consonnances, (*fig.* 11).

Dans les exemples (*fig.* 10), la dissonance placée sur le troisième temps est d'autant plus admissible, qu'effectivement elle n'est que le remplissage d'un intervalle de tierce: pour s'en convaincre, on peut réduire ces exemples à leurs notes harmoniques. *Voyez* pl. 19, fig. 1.

Nous n'osons omettre les *soi-disant notes de passage* (1), dont on peut faire usage dans ce contre-point. Il faut les placer sur le second temps et les faire succéder par une consonnance. *Voyez* pl. 19, fig. 2, *a* et *b*.

Si, dans ces deux exemples, on supprimoit la note de passage, et qu'on la remplaçât par une note harmonique, alors la progression d'une tierce se trouveroit du premier au second. *Voyez* pl. 19, fig. 3, *a* et *b*.

La réunion de la note de passage et de la note harmonique a produit une nouvelle figure de mélodie que nous employons avec beaucoup de succès dans le contre-point figuré et dans la fugue. *Voyez* pl. 19, fig. 4. Si nos meilleurs contre-pointistes ne s'en servent pas dans cette espèce de contre-point, c'est pour ne pas altérer les quatre notes égales qui le caractérisent.

Il nous faut encore observer que lorsque le chant est exécuté par la partie grave, le contre-point doit finir sa phrase en montant progressivement à l'octave. *Voyez* fig. 5. Et si le chant se trouve au-dessus, alors le contre-point doit finir sur l'unisson. *Voyez* fig. 6.

Reprenons maintenant notre *canto firmo*, et mettons-y le contre-point avec quatre *noires* contre une *ronde*. A la fig. 7, le *canto firmo* se trouve au grave, et à la fig. 8, il est au dessus.

Quatrième espèce de Contre-point.

Cette espèce n'emploie que *deux blanches* contre *une ronde*. Les syncopes qui la caractérisent, sont de deux genres : *consonnantes* et *dissonantes*. On appelle une syncope consonnante, lorsque les deux notes liées

(1) C'est-à-dire, celles qui ne sont pas contenues dans un accord, et qui ne forment pas ses parties harmoniques. Quelques auteurs les appellent *notes accidentelles*; cette expression n'égale pas celle des Allemands, qui distinguent la note *antécédente* de celle qui *succède* à la note essentielle d'un accord. La première s'appelle *Wechsel-note*, la seconde *Durchgehende-note*.

sont consonnantes sur le *levé* et le *frappé* de la mesure. *Voyez* pl. 20, fig. 1 ; et l'on appelle une syncope dissonante, lorsque de deux notes liées, la seconde sur le *frappé* est une dissonance. *Voyez* pl. 20, fig. 2.

Nos lecteurs sauront sans doute que les dissonances formées par des liaisons ou des syncopes, ne sont qu'une prolongation de la consonnance précédente, qui retarde l'entrée de la consonnance suivante. L'exemple (*fig.* 3) présente la quarte syncopée suivie de la tierce : hé bien, que l'on supprime la syncope ou la prolongation de la consonnance précédente, et l'on ne verra dans cet exemple qu'une suite de consonnances. *Voyez* fig. 4.

En envisageant de cette manière les dissonances syncopées, on ne pourra guères se tromper pour les résoudre.

Les règles principales que nous avons encore à observer dans ce contrepoint, sont :

1°. Quand le canto firmo est exécuté par la partie grave, les dissonances doivent se résoudre dans les mêmes consonnances qu'elles avoient retardées : en conséquence la quarte se résoud dans la tierce ; la septième dans la sixte, et la neuvième dans l'octave.

2°. Il faut bien se garder de syncoper l'unisson et de le résoudre dans la seconde, parce que le retardement, ici, ne sauroit cacher une suite vicieuse d'unissons. *Voyez* fig. 5. Il en est de même avec les syncopes sur l'octave. *Voyez* fig. 6.

3°. Si l'on veut que la seconde syncopée soit résolue dans l'unisson, il faut alors l'avoir préparé par la tierce. *Voyez* fig. 7 ; et si l'on veut avoir une neuvième syncopée, il faut l'avoir préparé par la dixième. *Voyez* fig. 8.

4°. Quand le canto firmo est au dessus, alors la seconde fait sa résolution dans la tierce ; la quarte dans la quinte, et la neuvième dans la dixième. *Voyez* fig. 9.

5°. L'on peut syncoper en descendant comme en montant. *Voyez* fig. 10. Cependant nous reviendrons sur cet article.

6°. Quand le canto firmo est au grave, la pénultième mesure du contrepoint doit avoir la septième suivie de la sixte majeure ; lorsque le canto firmo se trouve au dessus, la pénultième mesure doit avoir la seconde suivie de la tierce mineure.

Examinons maintenant les exemples (*fig.* 11 et 12).

Cinquième espèce de Contre-point à deux parties.

Le contre-point figuré donne au compositeur la facilité d'être plus mélodieux, et par conséquent moins monotone dans la progression des intervalles : cependant il faut y observer toutes les règles que nous avons indiquées jusqu'ici. Les syncopes dont nous avons fait usage dans le contre-point précédent, peuvent aussi être employées dans celui-ci : elles peuvent être même figurées, soit par des notes de passage, soit par des interruptions. Par exemple : la fig. 1 (*pl.* 21), nous présente le contre-point avec les simples notes harmoniques et, à la fig. 2, ces notes sont figurées.

Les syncopes de la fig. 3 sont interrompues par une note harmonique, (*fig.* 4).

Les figures de mélodie, admissibles dans le contre-point figuré, peuvent aller en montant et en descendant. *Voyez l'exemple* fig. 5.

Il y a des genres de figures dont on peut se servir avec succès dans le style galant, mais dont on ne doit pas faire usage dans le style sévère du contre-point ; tel est, par exemple, le genre de figure. *Voyez* fig. 6.

Il est encore à observer que l'on ne doit pas commencer la première mesure du contre-point avec des figures.

A l'égard des trois marches, c'est la marche contraire qui doit être préférée, autant que possible.

Reprenons à présent notre canto firmo, et composons dessus un contre-point figuré. A la fig. 7, le contre-point est au grave, et à la fig. 8, il est au dessus.

Après avoir suffisamment parlé du contre-point à deux parties, nous allons, dans le chapitre suivant, faire l'exposition des règles du contre-point à trois parties.

CHAPITRE IX.

Du Contre-point à trois parties.

Les plus grands maîtres ont regardé le contre-point à trois parties comme la composition la plus parfaite : on dit, avec raison, que celui qui sait faire un bon *trio*, est bien en état de faire un *quatuor.*

Pour conserver une marche systématique à notre ouvrage, nous allons démontrer les règles du contre-point à trois parties, dans le même ordre que nous avons observé à l'égard du contre-point à deux parties.

La *triade* harmonique produit toujours le plus grand effet, et si quelquefois on en supprime un intervalle, ce n'est que pour éviter trop d'écarts dans les parties. (*Pl.* 22, *fig.* 1), nous trouvons, dans la seconde mesure, la quinte remplacée par l'octave, pour donner une progression mélodieuse à la seconde partie, qui, sans la suppression de la quinte, auroit eu une marche sautillante, comme : (*fig.* 2).

Il y a encore une raison qui nous fait préférer la composition de l'exemple (*fig.* 1) : la note *la* ne s'y fait entendre qu'une fois, quand, dans le second exemple, cette note est employée deux fois. Dans le contre-point à trois parties, c'est une règle de rigueur de ne pas faire entendre, dans une partie, deux ou trois fois la même note.

Les deux exemples (*fig.* 3 et 4) sont vicieux sous plusieurs rapports : 1°. la partie de taille du premier exemple est trop sautillante ; 2°. les parties du second exemple vont continuellement en marche directe ; ce qui n'est pas permis ; 3°. dans les deux exemples, il manque l'accord consonnant sur la seconde note : la fausse quinte *si*, *fa*, n'est pas tolérable.

Pour nous familiariser davantage avec le contre-point à trois parties, nous allons reprendre notre canto firmo, et en composer les deux parties au dessous. *Voyez* fig. 5 ; cet exemple est sujet à critique : de la septième à la huitième mesure, les deux parties extérieures vont en marche directe, ce qui est contre la règle. D'une consonnance imparfaite à une parfaite, on doit aller par la marche contraire. Cependant nous avons déjà déclaré qu'il y a des cas où il faut tolérer une faute légère, pour échapper à une plus grave : si l'on vouloit employer la marche contraire, on écarteroit bien la quinte cachée de la 7ᵉ. à la 8ᵉ. mesure : mais de la 9ᵉ. à la 10ᵉ. mesure, l'on retomberoit dans la même faute. *Voyez* fig. 6. Dans cet exemple, nous avons encore à remarquer que, 1°. la basse monte trop haut au-dessus de la portée, et 2°. que dans la 9ᵉ. mesure, la taille se trouve à l'unisson avec la basse : voilà deux fautes impardonnables dans le contre-point à trois parties.

Supposant que pour ne pas faire monter la basse jusqu'au *ré*, l'on eût composé ce passage de la manière (*fig.* 7), on seroit tombé dans de nouvelles fautes : 1°. les trois parties vont de la 8ᵉ. à la 9ᵉ. mesure en marche directe; 2°. la basse fait un écart de septième, qui est d'autant plus blâmable, dans cette composition, que l'on n'y permet pas même un écart de sixte.

Voyons maintenant le *canto firmo* exécuté par la seconde partie (*fig.* 8), et par la basse (*pl.* 23, *fig.* 1).

Seconde espèce de Contre-point à trois parties.

Nous savons qu'elle emploie *deux blanches* contre *une ronde.*

Il est à observer que tout ce qui étoit de rigueur dans la composition à deux parties, ne l'est plus dans la composition à trois parties. Si, dans la première, nous avons défendu la progression de tierces (*voyez* pl. 18, fig. 3), nous les admettons de droit dans le contre-point à trois parties. *Voyez* pl. 23, fig. 2. Il y a même des cas où, sans la progression de tierce, l'harmonie seroit de bien peu d'effet.

La pl. 23 (*fig.* 3, 4 et 5), présente les exemples de notre canto firmo avec les parties du contre-point.

Observation. *Le* fa *diésis, dans l'accord final* (fig. 5), *doit son apparition aux idées que les anciens s'étoient faites sur l'emploi des tierces majeures et mineures ; nous nous sommes déjà expliqué à ce sujet dans le chapitre* IV, *et nous passons sous silence le raisonnement que Richter a fait ici pour défendre la tierce majeure en blâmant la tierce mineure.*

Troisième espèce de Contre-point à trois parties.

Les règles de ce contre-point sont les mêmes que celles que nous avons indiquées dans le chapitre précédent, pour la composition du contre-point à deux parties. Les quatre exemples (*pl.* 24, *fig.* 1, 2, 3 et 4) seroient plus que suffisans pour servir de modèles aux jeunes compositeurs : cependant, nous allons encore y ajouter un cinquième exemple d'un genre différent, par rapport aux proportions de notes que présentent les trois parties. *Voyez* pl. 25, fig. 1. Cette manière de composer est, surtout dans le style galant, la meilleure et la plus à recommander aux compositeurs : elle produit toujours les plus grands effets.

Quatrième espèce de Contre-point à trois parties.

Nous rappelons à la mémoire de nos lecteurs les règles prescrites dans le chapitre précédent, pour le contre-point à deux parties : il faut les observer toutes dans la composition du contre-point à trois parties.

Essayons quelques syncopes. Fig. 2 (*pl.* 25), est une simple suite d'harmonie qui, par l'emploi des retardations, peut être variée de différentes manières. *Voyez* fig. 3 et 4. Les marches de sixtes sont encore très-favorables pour être syncopées. *Voyez* fig. 5 et 6.

Voyons à présent notre chant accompagné du contre-point syncopé (*fig.* 7, à la lettre *a*) : la première note de la syncope devroit être une consonnance, suivant les règles établies dans le chapitre précédent. *Voyez-en les exemples*, pl. 20, fig. 1 et 2. Cependant cette irrégularité est pardonnable, lorsqu'elle a été amenée et autorisée par la nécessité de ne pas déranger la progression mélodieuse d'une partie : aussi les contre-pointistes les plus sévères ne se font plus de scrupule d'employer la syncope dissonante sur le *levé* de la mesure. *Voyez les exemples*, fig. 1 et 2 de la pl. 26.

Examinons aussi les deux exemples suivans (*fig.* 3 et 4).

Observation. *On a lieu de s'étonner que la partie du contre-point, dans l'exemple* (fig. 4), *commence par une* pause. Richter *dit que, dans la la première mesure, on ne pouvoit pas faire une syncope convenable, et qu'en la remplissant par une autre espèce de notes, on auroit totalement changé le caractère de ce contre-point : il avance néanmoins que, si l'on veut accorder à la* taille *de tenir la note fondamentale, cet exemple peut aussi commencer de la manière* (fig. 5, pl. 26).

Cinquième espèce de Contre-point à trois parties.

Tout ce que nous avons dit et prescrit à l'occasion du contre-point à deux parties, est aussi applicable à celui - ci et de la même rigueur : voilà pourquoi, sans nous y arrêter davantage, nous nous bornons à en indiquer ces trois exemples, pl. 27, fig. 1, 2 et 3.

CHAPITRE X.

Du Contre-point à quatre parties.

La *triade* harmonique n'étant composée que de 1, 3 et 5, il en résulte que, pour l'employer dans la composition à quatre parties, il faut en doubler un intervalle. Il n'est pas indifférent lequel des intervalles de l'accord on double : c'est de ce choix que dépend le bon effet d'une composition et la marche régulière de ses parties.

Pour voir d'un coup - d'œil quels intervalles nous avons doublé dans l'exemple (*pl.* 27, *fig.* 4), nous indiquerons par des chiffres le rapport où se trouve chaque partie relative à la basse.

Pour l'instruction des jeunes compositeurs, nous observons que l'accord parfait produira toujours un effet infiniment plus harmonieux et plus brillant, lorsque ses parties seront distribuées de la manière (*fig.* 5). La distance d'une quinte entre les deux notes graves, et le placement de la tierce dans la partie supérieure, sont préférables à la construction de l'accord par tierces. *Voyez* fig. 6.

Nous allons transposer notre canto firmo dans les autres parties, et abandonner à nos lecteurs le soin de les chiffrer. Cette petite occupation sera d'une grande utilité pour eux, en voyant, de mesure en mesure, laquelle des consonnances nous avons doublée. *Voyez* pl. 28, fig. 1, 2 et 3.

Seconde espèce de Contre-point à quatre parties.

Pour la composition de ce contre-point, nous rappelons à nos lecteurs tout ce que nous avons prescrit pour la composition à deux et à trois parties. Pour les guider dans leurs études particulières, nous leur présentons quelques exemples du contre-point à quatre parties. (*Pl.* 29, *fig.* 1, 2 et 3; *pl.* 30, *fig.* 1).

Troisième espèce de Contre-point à quatre parties.

Les règles de composition de cette espèce de contre-point étant les mêmes que celles du contre-point à deux et trois parties, nous y renvoyons nos lecteurs, pour juger ensuite les exemples (*pl.* 30, *fig.* 2 et 4; et *pl.* 31, *fig.* 1).

Dans le premier de ces exemples, on remarque entre les parties de l'*alto* et de la *taille*, la progression vicieuse d'une consonnance parfaite à une autre parfaite en *marche directe* : ce qui est défendu par la règle n°. 2 du chapitre VII. Si nous avons laissé subsister cette faute (*a*, *b*), ce n'a été que pour enseigner le moyen de la corriger. *Voyez* fig. 3.

Dans l'exemple (*pl.* 32, *fig.* 1), il existe une semblable faute entre le dessus et la basse (*a*, *b*). Pour la corriger, il faut employer la marche contraire dans la progression des deux parties extérieures, et changer la figure du contre-point de la manière (*fig.* 2, *a*, *b*).

Pour produire, dans cette mesure, un effet plus harmonieux, ce changement étoit d'autant plus nécessaire, que la figure du contre-point, telle qu'elle existe (*fig.* 1), ne renferme pas de quinte.

Quatrième espèce de Contre-point à quatre parties.

Dans les chapitres VII et VIII, nous avons expliqué l'origine et les résolutions des syncopes, ainsi que d'autres règles à observer dans la composition de ce contre-point : en conséquence nous pourrions de suite nous occuper de quelques exemples à quatre parties, si le désir de contribuer à l'instruction des jeunes compositeurs ne nous engageoit pas à leur présenter des modèles pour accompagner la *neuvième*, la *quarte* et la *septième*. *Voyez* pl. 31, fig. 3.

Dans l'accompagnement de la *septième* syncopée, il faut bien se garder d'employer la *quinte*, à la manière (*fig.* 4). En pareil cas, il vaudroit mieux la faire monter à l'octave de la basse (*fig.* 5), ou la supprimer tout à fait, comme à la figure 6.

Examinons maintenant les exemples (*pl.* 31, *fig.* 7 ; *pl.* 32, *fig.* 1, 2 et 3) ; la progression en marche directe indiquée par *a*, *b*, dans l'exemple (*fig.* 7), n'est pas plus correcte ; mais elle est tolérable dans les parties intermédiaires.

Observation. *Dans la fig.* 2 (*pl.* 32), Ricther *a doublé la seconde aux dépens de la sixte. On doit supposer que ce grand contre-pointiste nous a voulu montrer comment dans l'accord* $\begin{smallmatrix}6\\4\\2\end{smallmatrix}$, *on peut doubler la seconde en supprimant la sixte : car, dans le cas présent, il n'y avoit aucun inconvénient à ne pas conserver la sixte.* Voyez *fig.* 4, *pl.* 32.

Cinquième espèce de Contre-point à quatre parties.

Tout ce que nous avons déjà enseigné dans les chapitres précédens, relatif au contre-point figuré à deux et trois parties, doit être rappelé et rigoureusement observé dans la composition du contre-point à quatre parties. Nous allons donc procéder à l'examen des exemples (*pl.* 33, *fig.* 1, 2, 3 et 4).

Dans les parties de ce contre-point, l'on peut même employer des notes de différentes valeurs. *Voyez-en l'exemple*, pl. 34, fig. 1. Pour se perfectionner dans ce style, nous conseillons à nos lecteurs de transposer le canto firmo dans les trois autres parties, et de composer eux-mêmes le contre-point suivant ce modèle.

CHAPITRE XI.

Ayant démontré par des règles et des exemples ce qu'il faut savoir pour acquérir l'art du contre-point, nous engageons les jeunes compositeurs à ne s'occuper, pendant un an, que de ce genre de travail; c'est le seul moyen d'apprendre à composer correctement et à se distinguer d'une manière honorable de la foule des soi-disant compositeurs du jour.

Pour seconder, autant qu'il nous est possible, l'étude de nos lecteurs, nous allons leur présenter, dans les autres toniques, des chants dont ils composeront eux-mêmes les parties du contre-point; en leur observant de suivre rigoureusement les règles que nous leur avons données. (*Pl.* 34, *fig.* 2), est un *canto firmo* dans la tonique de *mi*, avec la partie du contre-point au dessus. Transposez ce chant dans les autres parties et composez le contre-point dessus ou dessous.

Deuxième espèce (deux blanches contre une ronde.) *Voyez* pl. 34, fig. 5.

Observation. *Dans cette tonique, lorsque le chant est au grave, le contre-point doit préparer la note finale par une progression de la quinte à la sixte vers l'octave;* voyez *fig.* 3; *et lorsque le chant est au dessus, le contre-point prépare la cadence finale par une progression de la sixte et de la tierce.* Voyez *fig.* 4.

Troisième espèce (quatre notes contre une). Lorsque le chant est au grave, la pénultième mesure du contre-point doit faire une progression de la tierce, de la quarte, de la quinte et de la sixte. *Voyez* fig. 6, *a*, *b*; et si le chant est au dessus, le contre-point doit procéder par la sixte et la tierce vers l'unisson de la note finale. *Voyez* fig. 7, *a*, *b*.

Quatrième espèce (emploi des syncopes). (*Pl.* 34, *fig.* 8).

Cinquième espèce, ou contre-point figuré (*pl.* 35, *fig.* 1). Maintenant, pour s'exercer dans ce style, il faut mettre ce chant à trois et à quatre parties, etc., en observant tout ce que nous avons dit dans les chapitres VII, VIII et IX.

Planche 35 (*fig.* 2), est un chant dans la tonique de *fa* avec le contre-point au dessus. Laissant à nos lecteurs le soin de le renverser, le transposer et le mettre à trois et à quatre parties, nous ne donnerons qu'un exemple de la troisième espèce de contre-point (quatre noires contre une blanche), et un autre du contre-point figuré. *Voyez* fig. 3 et 4.

Si dans ces deux exemples nous avons employé quelques *bémols*, contraires au véritable caractère de l'antique tonique de *fa*, nous y avons été contraints, pour ne pas tomber dans des progressions vicieuses que le style sévère condamne. D'ailleurs ces petites altérations sont permises, pourvu qu'elles n'arrivent qu'accidentellement.

La planche 35 (*fig.* 5), est un chant dans la tonique de *sol* avec le contre-point dessous : (*fig.* 6), ce même chant est au grave, et la partie du contre-point syncopé au dessus. Avec ce chant il faut composer d'autres exemples à deux, à trois et à quatre parties.

Planche 36 (*fig.* 1), est un exemple à trois parties dans la tonique de *la*. (*Fig.* 2), le chant est transposé dans la partie de l'alto.

La planche 36 (*fig.* 3), est un chant dans la tonique d'*ut*, avec le contre-point de la première espèce. (*Fig.* 4), l'exemple est composé à trois parties. (*Fig.* 5), est un autre chant à quatre parties.

CHAPITRE XII.

Des Syncopes et des Ligatures.

L'emploi des dissonances, leur préparation et leur résolution sont pour le compositeur un objet si important, que nous jugeons nécessaire de nous y arrêter encore un peu.

Dans le chapitre précédent, nous avons démontré de quelle manière les dissonances, produites par les prolongations, doivent être sauvées. Maintenant que nous n'avons pas de *canto firmo* qui gêne la marche des parties, les dissonances peuvent être sauvées de différentes manières. Dans l'exemple (*fig.* 1, *pl.* 37), nous voyons la *neuvième* se résoudre dans la *sixte* et même dans la *tierce ;* la *septième* dans la *dixième*, et la *quarte* dans la *sixte* ou dans la *tierce.*

Les *liaisons* ou *syncopes* pouvant se faire dans la partie aiguë et dans la partie grave, il en résulte une différence remarquable dans la résolution des dissonances, dont voici le tableau.

Résolution des syncopes en haut.	*Résolution des syncopes en bas.*
La 11e. dans la 10e.	La 11e. dans la 12e.
La 9e. —— 8e.	La 9e. —— 10e.
La 7e. —— 6e.	La 7e. —— 8e.
La 4e. —— 3e.	La 4e. —— 5e.
La 2e. —— 1.	La 2e. —— 3e.

Voyez les exemples pl. 37, fig. 2 et 3.

Observation. *Il nous faut de rechef soumettre à la décision des hommes instruits l'explication et la définition des mots* Syncope, Liaison, Ligature *qui, le plus souvent, sont employés dans un sens contraire à leur étymologie.* Rousseau, *dans son Dictionnaire de Musique, n'en donne pas une explication juste et déterminée. Le* Traité d'Harmonie *adopté par le Conservatoire de musique, regarde les syncopes comme l'effet de la* prolongation d'une note, *ou comme le* retard de la note suivante : *mais l'auteur a omis la distinction nécessaire entre ces mots. En attendant le résultat de notre proposition, nous allons continuer notre ouvrage.*

Plusieurs auteurs estimables ont confondu la syncope avec la ligature ; cependant la différence en est assez grande. *Toute ligature parfaite peut être nommée syncope ; mais toute syncope ne peut pas être nommée ligature.*

Dans le sens musical, *syncope* devroit s'appeler division d'une note qui va à contre-temps ; car nous mettons des consonnances à contre-temps, qui par conséquent ont un caractère bien contraire à la *ligature. Voyez* fig. 4, pl. 37. On peut aussi pointer les notes pour les rendre à contre-temps (*pl.* 37, *fig.* 5). La *syncope* peut aussi avoir lieu dans la basse ou la partie grave. *Voyez* pl. 38, fig. 1. Elle peut encore se trouver dans les quatre parties à la fois. *Voyez* fig. 2; et elle peut même s'appliquer aux mesures inégales. *Voyez* fig. 3.

OBSERVATION. *Il nous faut encore faire mention de l'*anticipation *et du* retardement, *que beaucoup de personnes confondent, tantôt avec les syncopes, tantôt avec les ligatures.* Rousseau, *dans son Dictionnaire de Musique, a omis d'en parler : il devoit pourtant les connoître; car elles étoient le passage favori de la plupart des chanteurs de son temps.*

*L'*anticipation *se fait, lorsque, supprimant de la première note la moitié de sa valeur, on fait anticiper la seconde note, et que l'on continue de cette manière.* Voyez *pl.* 38, *fig.* 4. *A la fig.* 5, *ce même trait est sans anticipation.*

Le retardement *se fait en prolongeant la valeur d'une note d'un temps jusqu'à la moitié de l'autre temps.* Voyez *fig.* 6.

Suivant la doctrine de plusieurs compositeurs on devroit regarder le retardement *et la* prolongation *comme* syncope *et comme* ligature; *mais que l'on examine les deux exemples précédens* (*fig.* 4 et 6), *on reconnoîtra bientôt la fausseté de pareils principes. La* ligature *doit avoir une* résolution légale; *voilà ce que beaucoup de maîtres en composition semblent ignorer. Il n'y a guères qu'une suite de sixtes et de tierces qui, par l'emploi du retardement, puisse avoir le caractère de la ligature.* Voyez *fig.* 7 et 8.

Ces exemples peuvent suffire pour attester la différence qui existe entre *anticipation*, *retardement*, *syncope* et *ligature.* La plupart des *syncopes* ne sont que des consonnances qui n'ont pas besoin d'être *liées*, *préparées* et *sauvées :* libre dans sa marche, la syncope procède par degré en montant ou en descendant, ou par des écarts arbitraires; mais il n'en est pas de même avec la *ligature :* celle-ci doit être préparée sur le temps foible, entendue et sentie sur le temps fort, et faire sa résolution en descendant d'un degré.

Il est donc d'une vérité incontestable, que toute ligature peut être regardée comme une syncope, mais que toutes les syncopes ne doivent pas être traitées comme des ligatures. Ligature et résolution sont corrélatifs, et il n'existe de résolutions, qu'autant qu'il se présente de ligatures.

CHAPITRE XIII.

De l'Imitation.

Imiter, *imitation* veut dire, dans le sens technique, faire entendre successivement un même chant dans plusieurs parties. Les règles de l'imitation ne sont pas aussi sévères que celles de la fugue : on peut à chaque instant interrompre et reprendre une imitation ; on peut la suivre dans toutes les parties et dans tous les intervalles.

Planche 38 (*fig.* 9), l'imitation se fait à l'unisson ; après quatre mesures elle est interrompue, et dans la mesure suivante elle est reprise.

Planche 38 (*fig.* 10), l'imitation est à la seconde.

Planche 38 (*fig.* 11), elle est à la tierce.

Planche 38 (*fig.* 12), elle se fait à la quarte.

Planche 39 (*fig.* 1), elle est à la quinte. La valeur de la première note est diminuée dans l'imitation, pour ne pas la commencer avec une quinte. Nous avons déjà vu que ces licences sont permises.

Planche 39 (*fig.* 2), l'imitation est à la sixte.

Planche 39 (*fig.* 3), elle est à la septième.

Planche 39 (*fig.* 4), elle est à l'octave.

Si l'on veut continuer l'imitation d'une partie, il n'est pas nécessaire qu'elle soit toujours faite sur le même intervalle et dans la même distance ; on peut varier à volonté. Planche 39 (*fig.* 5), la première imitation se fait à la *quarte* (*a*), la seconde à la *quinte* (*b*) ; la troisième (*c*), se fait aussi à la quinte, la quatrième à la *sixte* (*d*).

On appelle aussi *imitation*, lorsque les parties se succèdent en imitant seulement la forme des notes. *Voyez-en l'exemple* pl. 39, fig. 6 et 7.

La planche 39 (*fig.* 8 et 9) est une imitation *alla Zoppa.*

Observation. Rousseau, *dans son Dictionnaire de Musique, a expliqué ce terme italien* (alla Zoppa) *par* « mouvement contraint et syncopant entre » deux temps sans syncoper entre deux mesures ; ce qui donne aux notes » une marche inégale et comme boiteuse ». *Voilà une explication théorique qui trasté avec les exemples pratiques de* Richter. *Lequel de ces deux hommes respectables a raison ?*

Les petites imitations (*pl.* 39 , *fig.* 10), que l'on pourroit aussi nommer *imitations périodiques* , sont favorables pour moduler vers les toniques les plus éloignées : cependant, pour diminuer leur effet monotone, il est nécessaire d'y mêler de temps en temps une succession de ligatures à trois et même à quatre parties.

On peut aussi imiter à contre-temps, ce que les Italiens et les Allemands appellent *imitazione per Arsin et Thesin. Voyez* pl. 40, fig. 1 et 2.

Nous avons encore une imitation que l'on appelle *canonique :* elle se fait lorsqu'une partie imite rigoureusement le chant d'une autre partie. Dans ce genre d'imitation, la plus légère licence n'est pas permise. *Voyez-en l'exemple* pl. 40, fig. 3 et 4.

CHAPITRE XIV.

Du double Contre-point.

Si dans une composition à deux parties on peut, à volonté, renverser les parties, pour que l'une fasse tantôt la basse, tantôt le dessus; alors on dit : c'est un double contre-point. *Voyez l'exemple* pl. 40, fig. 5 et 6.

Dans ce genre de composition il est nécessaire d'observer :

1°. Le renversement des intervalles. L'*unisson* devient *octave*, la *seconde* devient *septième*, etc. *Voyez* le tableau suivant :

1	2	3	4	5	6	7	8.
8	7	6	5	4	3	2	1.

2°. De ne pas surpasser l'étendue de l'octave.

3°. De composer les deux parties d'un caractère différent; c'est-à-dire, l'une d'une progression lente, l'autre rapide ou figurée : nous appelons la première *sujet*, la seconde *contre-sujet.*

4°. Pour éviter toute confusion, les deux parties ne doivent jamais commencer ensemble : le *contre-sujet* laissera passer un ou deux temps avant que d'entrer en concurrence.

5°. La *quinte* ne peut être employée que *liée :* sans cela le renversement la présenteroit comme *quarte* non préparée.

6°. De ne jamais employer deux *quartes* successives : par le renversement elles deviennent quintes.

7°. De ne pas faire d'écarts d'*octave*, et d'éviter même, autant que possible, l'*octave* dans le *contre-sujet :* le renversement la rend *unisson;* effet qu'il faut ménager pour la note finale.

Voyons pl. 40 (*fig.* 7), quelques exemples, que nos lecteurs voudront bien renverser eux-mêmes.

La planche 41 (*fig.* 1), est un exemple caractérisé par des ligatures continuelles entre les deux parties ; nous y avons ajouté une basse chiffrée, pour mieux faire connoître l'harmonie dont il est formé.

CHAPITRE XV.

Double Contre-point à la neuvième.

C'est à son extrême difficulté qu'il faut attribuer l'abandon où le laissent la plupart des compositeurs.

Son renversement est :

1	2	3	4	5	6	7	8	9.
9	8	7	6	5	4	3	2	1.

La quinte étant la principale consonnance de ce contre-point, il faut le commencer et le finir par cet intervalle. *Voyez* pl. 41, fig. 2.

Si l'on veut renverser le *contre-sujet* à la seconde, alors il faut aussi transposer le *sujet* à une octave plus haut, *voyez* fig. 3 : sans cela on commenceroit et l'on finiroit avec la quarte. *Voyez* fig. 4.

A la fig. 5 est un autre exemple.

Pour opérer un effet plus harmonieux, on peut ajouter aux deux parties du contre-point une troisième partie, qui servira ou de basse ou de partie de remplissage : dans ce cas, on peut supprimer ou conserver la quinte dans l'accord final. *Voyez* pl. 42, fig. 1.

Jusqu'ici le renversement du *contre-sujet* s'est fait au neuvième degré en descendant : essayons maintenant à le faire au neuvième degré en montant. *Voyez l'exemple* pl. 42 (fig. 2), et son renversement (fig. 3), où le *contre-sujet* se trouve à une neuvième plus haut.

Nous allons finir ce chapitre en présentant encore à nos lecteurs un exemple *canonique. Voyez* pl. 44, fig. 1. Le renversement du *contre-sujet* à une neuvième plus haut, se trouve fig. 2.

CHAPITRE XVI.

Double Contre-point à la dixième.

RENVERSEMENT des intervalles à la dixième.

1	2	3	4	5	6	7	8	9	10.
10	9	8	7	6	5	4	3	2	1.

Pour faciliter ce genre de composition, il est nécessaire d'observer :

1°. Que les deux sujets du contre-point ne s'écartent pas au delà d'une dixième.

2°. D'employer, autant que possible, la *marche contraire.*

3°. De ne mettre jamais une suite de *tierces* et de *sixtes*, parce que le renversement les rend *quintes* et *octaves.*

4°. Si l'on ajoute une troisième partie, de remplissage, elle doit aller à la tierce ou à la dixième, soit avec le sujet, soit avec le contre-sujet.

5°. Les deux parties du contre-point peuvent finir avec l'octave.

6°. Il faut se garder de faire beaucoup de ligatures dans ce contre-point.

7°. A l'aide de la partie de remplissage, le contre-point à la dixième peut s'exécuter à quatre parties.

Voyons présentement l'exemple planche 43, fig. 3. Dans la pénultième mesure (*a*, *b*), il semble exister une faute de composition, car le *contre-sujet* fait *en marche directe* la progression de deux consonnances parfaites. Le double contre-point nous met dans une si grande gêne, que nous sommes obligés quelquefois de faire un léger sacrifice à la rigueur des règles; c'est en cette considération que l'on peut tolérer un faute apparente.

Si l'on veut exécuter cet exemple à quatre parties, il faut : 1°. écrire le *sujet* à une dixième de distance dans l'*alto* et la *basse;* 2°. transposer le *contre-sujet* dans la partie de la *taille*, en conservant pour le *dessus* ce même chant à une dixième plus haut. *Voyez* pl. 43, fig. 4.

Observation. *Dans la pénultième mesure nous remarquons une altération du* contre-sujet *dans la partie du* dessus. *Au lieu d'aller en* tierces *avec la* taille, *et faire une progression de* seconde fa, sol, *le* dessus *fait une progression de* quinte sol, UT, *pour amener plus aisément la cadence finale. Voilà de ces irrégularités que des grands maîtres se sont quelquefois permises, mais qui pour cela ne sont pas moins blâmables. Il vaut mieux rejeter dans la composition du double contre-point toute progression de mélodie qui ne se prête pas aux renversemens, que d'avoir recours à des licences, qui ne sauroient jamais pallier les fausses conceptions du compositeur.*

Examinant l'exemple suivant (*pl.* 43, *fig.* 5), nous remarquons qu'en le mettant à quatre parties, nous serons encore obligés, pour finir dans le ton d'*ut*, de changer la dernière note du *sujet* renversé. *Voyez* pl. 44, fig. 1.

Observation. *Autant que nous blâmons, avec raison, les altérations du contre-sujet dans l'exemple précédent, autant nous approuvons, dans celui-ci, le changement léger sur la note finale du* sujet *renversé. Il est aisé de voir que cette altération n'existeroit pas si l'on vouloit continuer le double contre-point, et ne pas finir dans la tonique primitive.*

Voyons maintenant l'exemple pl. 44, fig. 2. Quant au chant des deux parties, la marche et le rhythme de cet exemple le rendent propre à moduler vers quelque tonique que l'on veuille, et d'être même employé sous différentes formes à trois et à quatre parties. (*Fig.* 3), son *sujet* est renversé à la dixième, et le contre-point transposé une octave plus haut.

(*Fig.* 4). Pour mettre cet exemple à quatre parties, il ne nous a fallu qu'ajouter une nouvelle partie à la tierce du *sujet* et du *contre-sujet*.

(*Fig.* 5), ce même exemple est renversé.

(*Fig.* 6), le *sujet* est au dessus et à la taille, le *contre-sujet* à l'alto et dans la basse.

(*Fig.* 7), le *sujet* est donné à la taille et à la basse, et le *contre-sujet* au dessus et à l'alto.

(*Fig.* 8), le *sujet* se trouve dans les parties de l'alto et de la basse, et le *contre-sujet* au dessus et à la taille.

Planche 45 (*fig.* 1), le *sujet* est au dessus et à la taille comme à la fig. 6, pl. 44, mais les deux parties du *contre-sujet* sont renversées entre elles.

Planche 45 (*fig.* 2), ici comme à la fig. 8 de la planche précédente, le *sujet* se trouve dans l'alto et dans la basse; mais le *contre-sujet* est renversé entre le dessus et la taille.

(*Fig.* 3), le *sujet* est renversé entre le dessus et la taille, et le *contre-sujet* remplit les parties de l'alto et de la basse.

Cet exemple suffira pour démontrer à nos lecteurs, de combien de manières différentes l'on peut employer le double contre-point à la dixième. Que les compositeurs du jour s'occupent pendant un ou deux ans de ce genre d'étude, et nous osons promettre que leurs ouvrages, jusqu'ici foibles et vicieux, acquerront bientôt l'énergie et le cachet des grands maîtres. Pour finir ce chapitre, nous allons leur donner encore un exemple, qu'ils pourront traiter eux-mêmes, d'après le modèle que nous leur avons donné. *Voyez* pl. 45, fig. 4.

CHAPITRE XVII.

Du Contre-point à l'onzième.

Observation. Richter, *dans son Traité de Composition, n'a pas fait mention du contre-point à l'onzième. Nous ignorons absolument le motif d'un tel oubli; mais ce seroit annoncer son noviciat dans la littérature musicale, que de soupçonner* Richter *de n'avoir pas connu cette partie de la composition. Cependant notre ouvrage étant destiné à servir d'instruction aux musiciens, nous allons suppléer à l'omission de notre original.*

Renversement des intervalles.

1	2	3	4	5	6	7	8	9	10	11.
11	10	9	8	7	6	5	4	3	2	1.

Les changemens qui résultent de ce renversement, nous soumettent à l'observance de nouvelles règles.

1°. L'*octave* doit être précédée et suivie de la sixte. *Voyez* fig. 5 et 6.

2°. La *seconde* doit être liée dans la partie grave : sa résolution se fait dans la sixte. *Voyez* fig. 7.

3°. La *tierce* doit être préparée et suivie par la *sixte : voyez* fig. 8. Il en est de même avec la quarte; *voyez* fig. 9.

4°. La *quinte* doit être préparée et sauvée par la sixte. *Voyez* fig. 10. Cet exemple est vicieux, en ce que, dans le renversement, la septième est mal sauvée. Nous le donnons à nos lecteurs pour les garantir de semblables *marches* dans la partie du *contre-sujet*, d'où résultera toujours des fausses résolutions par le renversement à l'onzième. La planche 46 (*fig.* 1), nous présente un exemple plus correct, qui peut servir de modèle.

5°. La *septième* peut être employée de deux manières, savoir : précédée d'un *soupir*, lorsque la basse reste au même degré (*fig.* 2), et préparée et sauvée par la sixte, quand la basse descend d'un degré (*fig.* 3).

6°. La *Neuvième* doit être préparée par la sixte ; la basse descend d'une quarte. *Voyez* fig. 4.

En observant bien ces règles, nous espérons que nos lecteurs pourront composer eux-mêmes des exemples dans ce contre-point et, pour les seconder dans ce travail, nous allons leur donner encore deux exemples. *Voyez* fig. 5 et 6.

CHAPITRE XVIII.

Double Contre-point à la douzième.

Renversement des intervalles.

1	2	3	4	5	6	7	8	9	10	11	12.
12	11	10	9	8	7	6	5	4	3	2	1.

Nouvelles règles à observer.

1°. Il ne faut pas surpasser l'étendue de la douzième.

2°. La *sixte* doit être préparée par syncope ou par ligature, parce que le renversement la change en septième. *Voyez* pl. 46, fig. 7 et 10. Cependant elle n'est soumise à cette rigueur qu'autant qu'elle tombe sur le temps fort : comme note de passage elle est tolérable. *Voyez* fig. 8.

3°. L'on peut employer des ligatures et des dissonances.

4°. La *seconde* et la *quarte* doivent se résoudre dans la tierce : il en est de même de l'*onzième*

5°. On peut exécuter à quatre parties chaque exemple de ce contre-point, en ajoutant une troisième partie à la tierce, au-dessous du contre-sujet, et une quatrième partie à la tierce, au-dessus du sujet ; mais il faut alors que la composition primitive ne contienne aucune dissonance, et que la *marche* contraire y soit employée autant que possible.

Examinons à présent les exemples pl. 46, fig. 9, et pl. 47, fig. 1. Dans l'exemple pl. 47 (*fig.* 2), le sujet est un *canto firmo*, dont nos lecteurs voudront bien se rappeler; ils le reverront bientôt employé d'une nouvelle manière. A la fig. 3, un nouveau contre-sujet est composé sur ce même *canto firmo*.

Nous engageons nos lecteurs à imiter cet exemple et composer à leur tour sur ce même chant quelques contre-points à la douzième.

Si l'on ajoute une partie à la tierce au dessus du contre-sujet renversé, alors cet exemple peut s'exécuter en trio. *Voyez* fig. 4. L'exemple précédent (*fig.* 2), n'est pas aussi favorable pour en faire un bon trio, parce que, depuis la septième mesure, la composition est en marche directe et pleine de ligatures. L'exemple (*fig.* 5), est d'une facture plus correcte, et l'on peut très-bien l'exécuter à trois parties. *Voyez* fig. 6.

Planche 48 (*fig.* 1), est un autre exemple dont nous allons faire des trio. *Voyez* fig. 2, 3, 4, 5, 6 et 7.

Observation. *Les* bémols *que l'on voit dans la cinquième mesure de ce dernier exemple ne doivent pas surprendre. La sévérité des principes du dix-septième siècle, adoptés et suivis par les contre-pointistes du dix-huitième, ne permettoit pas de faire descendre la note sensible, à moins qu'elle ne fut note passagère, ni de faire une succession de deux accords majeurs. De nos jours on est un peu moins rigide; mais on n'est pas plus savant.*

Planche 49 (*fig.* 1 et 2), ce même exemple est mis à quatre parties: nos lecteurs pourront le continuer.

Nous finirons le chapitre du contre-point par les deux exemples pl. 49, fig. 3, et pl. 50, fig. 1. Dans le premier, on reconnoîtra le canto firmo de la pl. 47, qui est accompagné ici d'un nouveau contre-point et de différentes imitations: nous les avons indiqué par *a*, *b*, *c*, *d*, etc. Le second exemple (*pl.* 50, *fig.* 1), est un modèle du bon style liturgique.

CHAPITRE

CHAPITRE XIX.

Des Imitations à l'inverse.

Observation. *Avant que de nous occuper du* canon *et de la* fugue, *il est indispensable d'entretenir nos lecteurs d'un genre d'imitation que les maîtres de l'art emploient dans le style canonique et dans la fugue. Les harmonistes du dix-septième siècle l'appeloient* contrarium reversum, al contrario riverso, *ou* fuga contraria inversa. *Voilà des expressions que plusieurs de nos lecteurs trouveront peut-être insipides ; cela ne nous étonnera pas : ce sera une nouvelle preuve qu'ils ne se sont pas familiarisés avec les usages, les opinions et l'esprit qui régnoient dans le dix-septième siècle. Dans ces temps, on s'appliquoit beaucoup aux arts et aux sciences, et l'on étudioit les langues étrangères. On croyoit même ne pas se montrer en homme instruit, si l'on ne parsemoit son discours de mots latins, italiens, grecs, etc. : mais on possédoit des connoissances profondes, et l'on produisoit des chefs-d'œuvres. Aujourd'hui, que le bon goût a banni du discours tout mot étranger, la plupart de nos célèbres musiciens du jour se contentent de s'exprimer dans leur langue, et pour être considérés comme savans et artistes habiles, ils font parade de quelques phrases qu'ils ne comprennent même pas.*

L'imitation annoncée ci-dessus, est ce qu'on appelle, en français, une imitation à l'*inverse :* on peut s'en présenter l'effet en examinant deux parties dont l'une fait en montant la *gamme*, ou une progression d'intervalles, que l'autre imite en descendant. Par exemple :

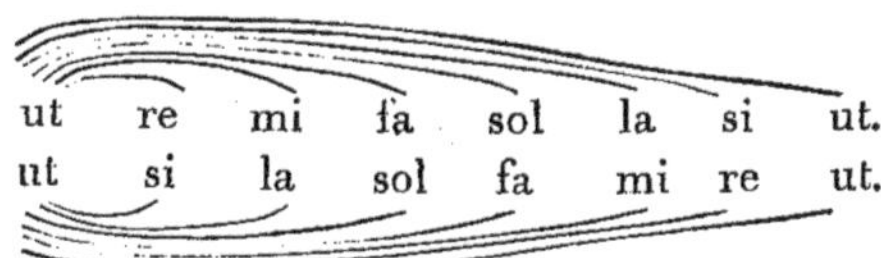

Ce genre d'imitation est de deux espèces ; l'*une*, appelée *simple*, imite à l'inverse les intervalles, sans observer strictement leur progression de tons et de demi-tons; l'autre, que nous proposerons de nommer *stricte*, imite à l'inverse, en observant aussi la progression des tons et des demi-tons. *Voyez* pl. 51, fig. 1. L'exemple, fig. 2, est imité strictement. Comme il n'est pas nécessaire que l'inversion commence sur la même note du motif, l'imitation de l'exemple fig. 2 peut aussi se faire comme à la fig. 3.

A la fig. 4 se trouve un exemple qui n'est autre chose que l'exemple de la planche 48, que nous avons mis à l'inverse. La planche 52 (*fig.* 1, 2 et 3), offre encore des exemples de l'imitation à l'inverse, auxquels on peut joindre les exemples (*fig.* 1 et 2) de la planche 62 : maintenant nous croyons nos lecteurs assez instruits sur cet article.

CHAPITRE XX.

Des Canons.

Le mot *Canon* est d'origine grecque; il signifie une règle à suivre.

Dans les fugues perpétuelles, en italien *fughe in consequenza*, l'on indiquoit autrefois, par des signes, l'entrée des parties qui exécutoient la fugue, et ces indices étoient appelés *canoni*, canons ou règles. Nous ignorons l'époque où l'on a confondu le nom de ces signes avec le nom de la fugue même : mais depuis des siècles la dénomination véritable a disparu et l'usage l'a remplacé par celle de canon.

Nous avons des canons de toutes espèces : de *simples*, de *doubles*, de *triples*, de *quadruples*, etc. : des canons *déterminés*, *perpétuels*, *rétrogrades*, à l'*inverse*, par *augmentation*, par *diminution*, dans tous les intervalles, à deux, à trois, à quatre parties, etc.

Avant que de commencer l'analyse de ces différens genres, nous engageons nos lecteurs à faire attention :

1°. A la quantité des parties qui doivent exécuter un canon ; on les indique par un paragraphe au-dessus de la portée.

2°. Si le canon est déterminé ou s'il est perpétuel. Dans le premier cas, l'on marque par un point de repos, la mesure où les parties cessent l'imitation. *Voyez* pl. 53, fig. 1. Dans un canon perpétuel, la continuation est indiquée par le signe de la reprise. *Voyez* pl. 53, fig. 4, 5, 6, etc.

3°. Dans un canon où les parties se suivent dans différens intervalles, l'on marque les clefs des parties qui doivent l'exécuter. *Voyez* pl. 53, fig. 1; ou l'on abandonne à l'habileté des musiciens à les deviner.

4°. La manière d'exécuter les canons *rétrogrades* est expliquée par lettres; ou l'on se contente de l'indiquer par des clefs renversées. *Voyez* pl. 54, fig. 6.

Pour ce qui regarde la composition d'un canon, nous recommanderons les observations suivantes.

1°. Inventer un chant ou un motif de peu de mesures, que l'on écrit dans la partie qui doit commencer.

2°. A la fin de cette phrase, l'on transpose ce même motif dans la seconde partie à une distance fixée, soit à la seconde, à la tierce, à la quarte, etc.

3°. Ensuite l'on écrit dans la portée de la première partie, une contre-partie sur le motif transposé, et on continue ainsi de transposition et de contre-point, jusqu'à ce que l'on ait fini le canon; ou, s'il doit être perpétuel, jusqu'à ce que l'on ait trouvé une occasion favorable à la rentrée du premier motif.

4°. Pour composer un canon à trois, quatre parties, etc., on peut s'abréger le travail, en établissant une suite d'accords et d'harmonie que l'on écrit en partition; ensuite l'on copie ces différentes parties, l'une après l'autre, sur une portée: le canon est fait. *Voyez l'exemple* pl. 54, fig. 4, qui est transformé en un canon perpétuel à la fig. 1. Il en est de même avec la fig. 5, dont on peut faire un canon perpétuel.

Nous pourrions étendre davantage nos remarques; mais, convaincu que, par la pratique, nos lecteurs acquerront mieux la connoissance de ce genre de composition, nous allons leur en donner des exemples.

Observation. Richter, *dans son ouvrage, n'ayant pas toujours observé la gradation du foible au fort, il est de notre obligation d'y suppléer.*

Planche 52 (*fig.* 4 et 5), sont deux canons perpétuels à l'*unisson.* L'entrée de la seconde partie est indiquée par le paragraphe. Fig. 7 et 8, ces deux exemples sont écrits sur deux portées.

La fig. 6 est un exemple à la *seconde* au dessus; fig. 10 est un exemple à la *seconde* au dessous. Nous nous dispenserons d'écrire ces exemples sur deux portées, pour ne pas priver nos lecteurs du plaisir de s'en occuper eux-mêmes.

La fig. 9 est un exemple à la *tierce* au dessous; fig. 11 est un autre à la *tierce* au dessus. Ici la seconde partie commence sur la moitié de la mesure.

Planche 53 (*fig.* 1), est un canon déterminé que l'on peut exécuter à la *quarte* au dessous, et à la *quinte* au dessus. *Voyez* fig. 2 et 3.

Planche 52 (*fig.* 12), est un exemple à la *sixte* au dessus; pl. 53 (*fig.* 7), est un autre à la sixte au dessous. La seconde partie entre sur le second temps de la deuxième mesure.

Planche 53 (*fig.* 8), est un exemple à la *septième* au dessous, et, fig. 9, l'exemple est à la septième au dessus.

Le canon à l'*octave* n'exige pas beaucoup de science. *Voyez* pl. 61, fig. 1.

Voyons maintenant des exemples à trois parties, à la planche 53 (*fig.* 4, 5 et 6); de même, planche 54, (*fig.* 1 et 2).

Observation. *A ce dernier exemple nous n'avons pas voulu indiquer l'entrée des parties; nous cédons à nos lecteurs le plaisir de le déchiffrer, ils verront ensuite si leur résolution est conforme à celle de la pl.* 57, *fig.* 1.

L'exemple à quatre parties (*pl.* 54, *fig.* 7), se trouve déchiffré à la page suivante. L'exemple de fig. 3 est écrit à quatre parties (*fig.* 8).

Observation. *Cet exemple est de feu* M. Stölzel, *célèbre contre-pointiste allemand. Excité par les folles assertions d'un homme de l'art qui avançoit que le style canonique offroit peu de variétés,* Stölzel *le démentit en composant ce canon, qu'il présenta sous plus de quatre cents formes différentes. Nous regrettons de n'oser en parler davantage; mais ceux qui véritablement désirent acquérir des talens, doivent lire et étudier le* Traité de la Fugue, *par Marpurg, où les évolutions faites avec ce canon sont suffisamment expliquées.*

Ce canon est répété avec des changemens, *par Arsin* et *Thesin*. *Voyez* pl. 55, fig. 1 et 2.

La figure 4 est un contre-point à la dixième, dont on a fait un canon perpétuel.

Observation. *Ce contre-point est de feu* M. Kirnberger, *qui a si fortement contribué au perfectionnement du système de la musique et de l'art de la composition. Nous avons déjà rencontré plusieurs compositions de cet immortel artiste, dont* Richter *s'est servi comme exemples élémentaires. Sous ce rapport, l'emploi des productions d'un autre est louable, mais on ne devroit pas manquer à la délicatesse et taire le nom du véritable auteur.*

A ces exemples nous allons ajouter encore quelques canons, pour prouver que le style canonique peut être généralement employé avec succès. La planche 62 (*fig.* 8), est un canon que l'on peut exécuter à l'unisson ou à l'octave : pour faire sentir son véritable effet, il faut l'exécuter dans le mouvement de contre-danse. La fig. 3 de la même planche est un canon à huit parties à l'unisson ou à l'octave. On s'apercevra facilement qu'il nous auroit été aisé d'étendre son chant et de le composer pour douze et même pour seize parties. Nous faisons cette remarque pour exciter l'esprit de nos lecteurs à s'en occuper et l'achever à leur volonté.

On peut aussi exécuter les canons à plusieurs chœurs : pour en donner l'exemple, nous nous servirons d'un canon à huit parties de *Bach*. *Voyez* pl. 62, fig. 4. Les huit parties forment deux chœurs; le premier chante le canon tel qu'il est, le second l'exécute à l'inverse; le chant du premier monte de la tonique à la quinte; le second descend de la quinte à la tonique.

La pl. 62 (*fig.* 5) est un canon du même genre de la composition de *Werkmeister*.

Le canon (*fig.* 7), doit être exécuté par neuf chœurs ou trente-six voix. *Kircher*, dans sa Musurgie, en a donné la clef, que *Marpurg* a rapportée dans son Traité de la Fugue. Nos lecteurs pourront consulter ces deux auteurs.

Figure 6 est un canon que *Valentini* avoit composé pour 96 voix ou 24 chœurs; mais *Kircher* a réussi à le mettre pour 512 voix ou 128 chœurs.

La planche 56 est un canon à neuf parties de *Richter* : cet exemple est remarquable en ce que les parties conservant le même chant, se succèdent toutes à une tierce plus bas.

Planche 58 est un double canon à quatre parties ; le dessus et la taille forment entre eux un canon à l'octave ; la haute-contre et la basse en forment un autre : cet exemple est très-bien fait et peut servir de modèle.

Nous ne pouvons finir ce chapitre sans parler des *canons par augmentation. Voyez* pl. 56, fig. 2 ; et des *canons rétrogrades. Voyez* pl. 54, fig. 6. Ici les deux parties commencent ensemble : l'une chante du commencement jusqu'à la fin, et retourne note par note vers le commencement ; l'autre suppose une autre clef, commence sur la note finale, chante vers le commencement et retourne à la finale. *Voyez-en l'effet* pl. 62, fig. 9.

La pl. 62 (*fig.* 10), est encore un canon rétrograde du célèbre *Kirnberger.*

Notre respectable *Richter* employoit même assez souvent la *rétrogradation* dans les compositions à trois parties. *Voyez-en l'exemple* pl. 61, fig. 1, et son effet à la fig. 2.

Ceux qui veulent approfondir la science de composer tous les genres de canons, doivent étudier l'ouvrage immortel de *Marpurg*, *Traité de la Fugue.*

CHAPITRE XXI.

De la Fugue.

Voici les principes et les règles générales que l'on doit connoître avant de vouloir composer une fugue.

1°. Le motif d'une fugue s'appelle, en terme technique, *sujet*, en allemand *Führer* : la réplique du motif, ou la reprise du sujet dans une autre partie, est appelée *Réponse*, en allemand *Gefahrte.* Beaucoup de contrepointistes allemands se servent encore des termes latins, et ils appellent le sujet *Dux*, et la réponse *Comes.*

2°. Le *sujet* ne doit pas être trop long ni trop figuré : il ne doit pas sortir de l'étendue de l'octave.

3°. Dans une fugue à quatre parties, il n'est pas nécessaire de les faire entendre *continuellement* ensemble.

4°. Si dans la modulation de la fugue, une partie quelconque reprend le sujet, il est avantageux qu'elle ait fait auparavant une pause de quelques mesures : la rentrée du sujet devient alors plus marquante.

5°. Il dépend absolument de la fantaisie du compositeur, de choisir celle des quatre parties qui doit commencer la fugue; pourvu seulement que la réponse se fasse d'après la division harmonique de l'octave.

6°. La fugue peut être *simple* ou *double*. On l'appelle simple, lorsqu'elle n'est composée que d'un seul sujet et de sa réponse : elle est double, lorsque la seconde partie, au lieu de répondre au sujet, entonne un *nouveau sujet*. Dans ce cas la troisième partie fait la réponse au premier sujet, et la quatrième partie répond au second sujet. Le second sujet est aussi appelé *contre-sujet*.

7°. Dans la composition d'une fugue à deux, trois et quatre sujets, il ne faut jamais commencer avec toutes les parties à la fois : mais il faut que l'une suive l'autre dans une distance convenable au sujet : le chant de chaque partie se fera parfaitement distinguer.

8°. Il ne faut pas non plus que les deux ou trois sujets d'une fugue soient d'un caractère uniforme et composés de notes d'une même valeur. Quand le premier sujet a des *rondes*, donnez au second des *blanches*, etc.

9°. Ne couvrez pas, ou du moins fort légèrement, la partie qui mène le sujet : s'il se trouve dans l'*alto*, donnez peu de notes au *dessus*, ou laissez-le compter; s'il est dans la *taille*, observez la même chose avec l'*alto*.

10°. Que la *marche contraire* entre les parties soit préférée et conservée autant qu'il se peut.

11°. Pour être correct dans votre composition, surveillez toujours la *marche* de vos parties extérieures.

12°. Les parties graves ne doivent pas trop se rapprocher l'une de l'autre, surtout dans les basses cordes; leur marche même ne doit être ni trop figurée, ni trop rapide : sans quoi les sons se confondent et perdent leur distinction.

13°. Lorsque l'on est obligé de doubler les intervalles d'un accord, il faut commencer par l'*octave*, puis doubler la *tierce* et ensuite la *quinte*.

14°. Dans l'accord final la tierce majeure est préférable à la tierce mineure. Nous avons déjà rendu compte de la bizarrerie de ce principe du dix-septième siècle.

15°. Dans la composition de la fugue, n'ambitionnez pas d'employer souvent le genre chromatique, encore moins le genre enharmonique.

16°. Ce n'est pas montrer du talent que de rendre une chose difficile; mais c'est en montrer beaucoup que de savoir rendre facile ce qui paroissoit être de la dernière difficulté.

Maintenant examinons les exemples suivans. La planche 63 (*fig.* 1), est une fugue simple dans la tonique de *Ré*. Dans ce genre de fugue, on a soin ordinairement que la *taille* corresponde avec le *dessus*, et l'*alto* avec la *basse*. Nous avons indiqué par les lettres *a*, *b*, *c*, *d*, *e*, *f*, l'entrée du sujet et de sa réponse.

La planche 64 est une fugue simple dans le ton de *Mi*.

Planche 65, c'est une fugue dans le ton de *Fa*.

La planche 66 est une fugue dont la réponse se fait en marche contraire.

Observation. *Il est à regretter que le compositeur se soit permis de changer de ton à l'entrée de la réponse dans la basse;* voyez *la* 6e. *mesure : c'est une licence impardonnable.*

La planche 67 est une fugue à deux sujets.

Observation. *L'on peut hardiment classer cet exemple parmi les productions irrégulières, parce que* 1°. *l'entrée du contre-sujet ne se fait pas suivant la division harmonique de l'octave, et que* 2°. *les altérations du sujet et du contre-sujet sont trop multipliées.* Voyez *f*, *g*, *k*, *l*.

Planche 67 (*fig.* 2), est un exemple de fugue dont la réponse se fait à l'inverse : *Contrario riverso.*

Planche 68 est une fugue qui commence avec deux sujets; mais à la treizième mesure, l'alto entonne un troisième sujet sur la dominante. Nous avons indiqué l'entrée de chacun de ces trois sujets.

Planche

Planche 69 (*fig.* 1), est un exemple à deux sujets, dont la marche des parties est très-soignée.

Planche 70 (*fig.* 1), est un autre exemple du même genre. A la figure 2 et 3 ces deux exemples sont renversés d'après les règles du double contre-point.

Les planches 71-74 nous présentent une fugue à quatre voix. Elle peut servir de modèle comme fugue vocale et comme un bon exemple du double contre-point à l'octave. Nous nous dispensons de l'analyser, mais nous engageons nos lecteurs à l'étudier avec soin; ce sera le vrai moyen de composer un jour de semblables chefs-d'œuvres.

Convaincus que les bons exemples valent mieux que les phrases, et pour donner à notre ouvrage le plus de perfection possible, nous allons extraire, des compositions inédites de Richter, quelques fugues instrumentales et vocales.

Planches 75-78, morceau de symphonie dont nous avons supprimé les instrumens à vent, à l'exception des endroits où ils font *partie obligée.* Cet exemple est une fugue à trois sujets, composée dans les règles du double contre-point à l'octave.

La planche 79 présente une fugue à trois sujets.

Planches 80-86, introduction d'une belle facture : l'allegro qui la suit, est une fugue composée d'après les règles de l'art.

Planches 87-89, fugue vocale à quatre sujets, qui mérite d'être classée parmi les premiers chefs-d'œuvres de la composition liturgique.

Planche 90 est une fugue vocale à quatre parties, dont la réponse se fait à l'inverse.

FIN.

TABLE

DES MATIÈRES.

www.ingramcontent.com/pod-product-compliance
Ingram Content Group UK Ltd.
Pitfield, Milton Keynes, MK11 3LW, UK
UKHW020953180726
13838UKWH00003B/1302